以例说法普法丛书

以例说法

大学生身边的民法典

100例

主编 田太荣 郭欣欣

西安交通大学出版社
XI'AN JIAOTONG UNIVERSITY PRESS

国家一级出版社
全国百佳图书出版单位

图书在版编目（CIP）数据

以例说法：大学生身边的民法典100例/田太荣，郭欣欣主编. —西安：西安交通大学出版社，2021.9
ISBN 978-7-5693-2279-8

Ⅰ.①以… Ⅱ.①田…②郭… Ⅲ.①民法—法典—基本知识—中国 Ⅳ.①D923

中国版本图书馆CIP数据核字（2021）第183745号

以例说法：大学生身边的民法典100例
YI LI SHUOFA DAXUESHENG SHENBIAN DE MINFADIAN 100 LI

主　　编　田太荣　郭欣欣
策划编辑　王斌会
责任编辑　苏　剑
责任校对　张　娟

出版发行　西安交通大学出版社
　　　　　（西安市兴庆南路1号　邮政编码710048）
网　　址　http://www.xjtupress.com
电　　话　（029）82668357　82667874（市场营销中心）
　　　　　（029）82668315（总编办）
传　　真　（029）82668280
印　　刷　陕西思维印务有限公司
开　　本　720mm×1000mm　1/16　印张　15.75　字数　207千字
版次印次　2021年9月第1版　2021年9月第1次印刷
书　　号　ISBN 978-7-5693-2279-8
定　　价　48.00元

如发现印装质量问题，请与本社市场营销中心联系、调换。
订购热线：（029）82665248　（029）82665249
投稿热线：（029）82668525

《以例说法：大学生身边的民法典 100 例》

编 委 会

顾　　问　　胡伟华

主　　编　　田太荣　　郭欣欣

编写人员　　范清羿　　郭　靖

　　　　　　朱双楠　　贾可心

　　　　　　雷泽家　　丁一博

　　　　　　封雨龙　　张铭琛

　　　　　　何佳育　　王嘉伶

序

　　党的十八大以来，为坚持和完善中国特色社会主义制度，顺应经济社会的快速发展和人民群众对良法善治的美好期盼，编纂民法典被提上重要日程。万众瞩目的《中华人民共和国民法典》于2020年5月28日颁布，并于2021年1月1日起正式施行。这是中国第一部以法典命名的法律，在中国法治建设史上具有里程碑意义，为推进全面依法治国，为实现国家治理体系和治理能力现代化，为全方位、多角度保障人民群众美好幸福生活提供了充分的法治保障。

　　中共中央总书记习近平在主持中央政治局第二十次集体学习时强调："要把民法典纳入国民教育体系，加强对青少年民法典教育。"为此，我校师生群策群力，采用多种形式学习、践行民法典，并取得实效。其中，我校人文社会科学学院田太荣老师、党委副书记郭欣欣组织师生共同编写的《以例说法：大学生身边的民法典100例》一书，以大学生喜闻乐见的形式，运用大学生的语言，瞄准大学生的具体需求，用心、用情、用力，精准供给，做到"新、明、快、活"，生动地阐释了民法典，进而引导大学生坚定不移地走中国特色社会主义法治道路。

　　习近平总书记指出："民法典要实施好，就必须让民法典走到群众身边、走进群众心里。"《以例说法：大学生身边的民法典100例》是国内少有的针对大学生的民法典普法图书，对大学生准确理解、施用好民法典，将发挥重要而特殊的作用。该书以民法典及相关司法解释为主线，以大学生需求为导向，针对大学生中存在的法律知识不足、法律能力缺乏、维权意识较差等问题，量身打造了一百个典型案例，通过案情介绍、法典规定、案例分析、启示感悟四个部分，循序渐进地帮助大学生掌握民法典体系，明白法条内容，养成自觉守法的意识，形成遇事找法的习惯，培养解决问题靠法的能力，既服务于大学生群体的实际需求，又提升了大学生群体的法律素养，为民法典实施营造了良好的校园与社会环境。

此书出版实乃幸事，希望借此书提高大学生的法治意识和能力，向社会输送具备良好法治意识的合格人才，促进我国社会主义现代化建设的繁荣与发展，为共创法治中国奠定坚实的基础。

西安工程大学党委书记

前　言

　　经过广大法学专家和各界人士的努力，2020 年 5 月 28 日，十三届全国人大三次会议表决通过了《中华人民共和国民法典》。该法自 2021 年 1 月 1 日起施行。民法典的颁布完成了新中国成立以来民法典从无到有的华丽转身，也是改革开放四十余年来民事法律建设的成果总结。民事法律的法典化、体系化、科学化，体现了我国民事立法技术的成熟。民法典的颁布也为我国老百姓在参与民事活动、享受民事权利、履行民事义务、承担民事责任等方面提供了"典"型依据。

　　民法典是新中国成立以来第一部以"法典"命名的法律，是新时代我国社会主义法治建设的重大成果。民法典在中国特色社会主义法律体系中具有重要地位，是一部固根本、稳预期、利长远的基础性法律。民法典对推进全面依法治国，加快建设社会主义法治国家，对发展社会主义市场经济，巩固社会主义基本经济制度，对坚持以人民为中心的发展思想，依法维护人民权益，推动我国人权事业发展，对推进国家治理体系和治理能力现代化都具有重大意义。实施好民法典是坚持以人民为中心、保障人民权益实现和发展的必然要求，是发展社会主义市场经济、巩固社会主义基本经济制度的必然要求，是提高我们党治国理政水平的必然要求。民法典实施水平和效果，是衡量各级党政机关履行为人民服务宗旨的重要尺度。

　　由此可见，民法典的颁布具有划时代的历史意义，也必将载入人类史册！

对于大学生来说，民法典更是非常重要！大学生日常生活中发生的各种人身关系和财产关系，都受民法典的调整。我们要把民法典引入大学，实现法治轨道上的校园治理体系和治理能力现代化。大学生怎样过好大学生活，在参加民事活动时该怎样维护自身合法权益，以及如何提高自己的法治素养和法治能力等，都受到民法典的规范。民法典破解了长期以来大学生广为关注的"扶不扶、救不救、管不管"等道德与法律困惑，也为如何看待和处理校园贷、隐私权和个人信息保护等社会热点问题构建起了法治底线。

　　总之，民法典是调整平等主体之间的人身关系和财产关系的基本法律，全民知法、学法、守法，是培养法治意识、维护安定团结、建设社会主义法治国家的必由之路。大学生作为未来社会之栋梁，更应学习法律知识、培养法治思维，为法治中国建设贡献自己的力量。希望同学们通过对本书的阅读和学习，能够深刻理解民法典之立法精神，了解民法典之基本制度，在将来的日常生活中灵活运用所学的民法典知识解决实际困难。

　　最后，祝愿各位同学知民法、守民法、用民法，人生道路宽广辽阔！

田太荣　郭欣欣

二〇二一年二月二十七日

编 写 说 明

我们对本书做一简要说明，以方便大学生阅读和使用：

1. 本书的编写目标在于让大学生走近民法、认识民法、了解民法，深刻理解民法典之相关规定和重大意义。

2. 本书从大学生的日常生活出发，通过列举与大学生活相关之案例，让大学生体会到民法典调整对象之广泛、调整关系之全面、影响生活之深刻。

3. 本书通过举案例、引法条、析案情、抒感悟的逻辑模式，向大学生展示民法典之魅力所在。

4.【案情介绍】通过列举案例让大学生熟知案情，有效提取案件的关键信息。

5.【法典规定】通过引用与案情有关的民法典及相关法律法规之相关规定，便于大学生有目的性地阅读法条。

6.【案例分析】通过结合民法典及相关法律法规的规定来解析案情，让大学生理解"以事实为依据，以法律为准绳"的基本原则。

7.【启示感悟】通过分析民法典之相关规定及其背后的法学原理，对大学生的日常生活作出适法性引导。

8. 本书配有生动形象的漫画，增强了可阅读性和趣味性。

目　录

第一编

总 则

导语

　　民法典是一个宏大的框架体系，涉及社会生活的方方面面，而民法典之总则编是整部民法典的总纲，包含了民法的基本概念、基本原则以及基本制度。民法典总则编作为整部民法典的开篇之作，对大学生认识民法、学习民法、运用民法都有着极高的引领和指导作用。接下来，让我们通过一些案例，开始民法典总则编的学习之旅吧！

案例 1　考研学子要维权

小敬是一名大四学生，在考研备考期间报名参加了一家教育机构的课程培训，合同中双方约定教育机构需教授96学时的课程，但教育机构因自身原因未能如约履行96课时的授课义务，并且拒绝退还相应课时费。小敬将该教育机构诉至法院，法院最终判决该教育机构因未能履行合同义务构成违约，退还相应课时费。

公平公正　为民服务

最终判决结果，教育机构构成违约，退还相应课时费

审判长

原告

被告

法典规定

《中华人民共和国民法典》

第二条　民法调整平等主体的自然人、法人和非法人组织之间的人身关系和财产关系。

第三条　民事主体的人身权利、财产权利以及其他合法权益受

法律保护，任何组织或者个人不得侵犯。

第四条　民事主体在民事活动中的法律地位一律平等。

第五条　民事主体从事民事活动，应当遵循自愿原则，按照自己的意思设立、变更、终止民事法律关系。

第六条　民事主体从事民事活动，应当遵循公平原则，合理确定各方的权利和义务。

第七条　民事主体从事民事活动，应当遵循诚信原则，秉持诚实，恪守承诺。

案例分析

1. 小敬是自然人，教育机构属于法人，都是民法调整的平等主体。

2. 小敬与教育机构平等自愿地签订了合同，明确了各自的权利与义务，双方都应当严格遵守合同约定，小敬应当支付相关费用，教育机构应当提供相应的授课服务，否则违约一方就应当承担法律责任。

启示感悟

　　民事主体参加民事活动应当遵循平等、自愿、公平、诚实信用等原则，在享受权利的过程中也要积极地履行相应的义务，在不损害他人利益和社会公共利益的前提下努力追求自己的利益。不论是自然人、法人还是非法人组织，也不论当事人双方的民族、籍贯、性别、社会地位等是否有差别，他们在民事活动中都处于平等的法律地位，都适用同一部民法典，在权利受到侵害时都会受法律平等保护。当前，大学生毕业选择之一就是考研，若选择考研辅导机构应当慎重考虑。当考研辅导机构侵害大学生合法权益时，大学生应当勇敢地拿起法律武器维护自身的合法权益。

案例 2 我的压岁钱，我做主

小蓓是一名法学专业的大学生。他 15 岁的妹妹在过年期间收到 3000 元压岁钱。妹妹在观看直播时为主播打赏了 3000 元的礼物。事后被小蓓发现，他结合所学民法知识，把事情以及处理方式告知父母，父母主动联系了直播平台。在双方的有效沟通下，直播平台退还了 3000 元。

法典规定

《中华人民共和国民法典》

第十七条 十八周岁以上的自然人为成年人。不满十八周岁的自然人为未成年人。

第十九条 八周岁以上的未成年人为限制民事行为能力人，实施民事法律行为由其法定代理人代理或者经其法定代理人同意、追认；但是，可以独立实施纯获利益的民事法律行为或者与其年龄、智力相适应的民事法律行为。

1. 小蔷的妹妹 15 周岁，依据我国民法典规定，她属于限制民事行为能力人。限制民事行为能力人实施的与其年龄、智力不相适应的行为，需要其法定代理人追认才能具有法律效力。

2. 小蔷的妹妹刷礼物打赏主播的行为是可撤销的行为。通常来说，花费 3000 元与未成年人的认知水平和身份不相符。事后，小蔷父母主动联系直播平台，表示对女儿刷礼物的行为不予追认，那么此行为无效，平台应当依法退还小蔷妹妹花费的 3000 元。

启示感悟

随着网络信息的发展，未成年人接触网络上人、事、物的机会越来越多，但由于他们身心发展尚不健全，不能判断自己行为的正确与否。那么作为已经有完全民事行为能力且具备一定法律意识的大学生，我们在生活中遇到未成年人不理智消费的情况时，应当合理运用已知的法律知识，及时更正其错误，规避更大的损失。同时家庭教育应当培养子女正确的消费理念。

案例 3　债不及父母

　　小敏大学毕业后，在父母的鼓励下开始筹办一家个体服装店。父母帮助小敏签订了租期为 5 年的房屋租赁合同，小敏自己每月付租金 3000 元。合同签订后，经工商行政管理部门核准登记，小敏以自己的名义领取营业执照。营业期间，小敏的父母经常到店里帮忙，但店铺所得收入都归小敏所有。

某日，小敏向朋友借了 4 万元购进一批皮衣，不料该皮衣销路不畅，经削价处理，最后只收回 1 万元。朋友要求小敏和他父母一起承担债务。

法典规定

《中华人民共和国民法典》

　　第五十四条　自然人从事工商业经营，经依法登记，为个体工商户。个体工商户可以起字号。

第五十六条　个体工商户的债务，个人经营的，以个人财产承担；家庭经营的，以家庭财产承担；无法区分的，以家庭财产承担。

农村承包经营户的债务，以从事农村土地承包经营的农户财产承担；事实上由农户部分成员经营的，以该部分成员的财产承担。

案例分析

1. 判断个体工商户是个人经营还是家庭经营从两方面审查：一是投入经营的资金是个人财产还是家庭财产；二是个体工商户经营的收益是归经营者个人享用还是家庭享用。

2. 小敏是以自己的名义领取的营业执照，店铺租金等投入也是小敏的个人财产，并且其父母未获得小敏经营服装店的收益，因此该个体工商户属于个人经营，小敏的父母不承担责任，经营服装店产生的债务应由小敏以个人财产承担。

启示感悟

民法典确认了个体工商户的民事法律主体地位，并赋予自然人以营业权能，既符合社会主义市场经济运行和发展的需要，也符合依法保障自然人财产权利的需要。我国法律规定了个体工商户制度，这是一项中国特色的民事法律制度，将个体工商户作为自然人的特殊形态加以规范，这也为大学生创业提供了一条简单易行的途径。

案例 4　亏损莫要慌，东山可再起

小芊响应国家号召，与五个室友每人确定出资5000元开设一家电子商务公司（营利法人），并依法登记取得了营业执照。但因缺乏经营经验，导致公司不能偿还10万元债务，最终小芊及其室友以各自"出资额5000元为限"承担了民事责任。但他们并没有丧失信心，积累了上次失败的经验教训，经过不断努力与不懈坚持，最终迎来了创业生涯的春天！

兄弟齐心，其利断金！

只要我们坚持下去，没有什么是不可战胜的！

法典规定

《中华人民共和国民法典》

第五十七条　法人是具有民事权利能力和民事行为能力，依法独立享有民事权利和承担民事义务的组织。

第五十八条　法人应当依法成立。

法人应当有自己的名称、组织机构、住所、财产或者经费。法人成立的具体条件和程序，依照法律、行政法规的规定。

设立法人，法律、行政法规规定须经有关机关批准的，依照其规定。

第六十条　法人以其全部财产独立承担民事责任。

案例分析

1. 小芊和室友一起出资依法设立公司，应当办理登记手续。只有依法办理登记，才能取得法人资格，也才能适用法律的相关规定受到法律的保护。

2. 小芊及其室友是公司出资人，即公司股东。当公司资不抵债时，公司对其债权人承担责任，而小芊和室友们只在5000元的出资范围内承担责任。换言之，案例中的每个同学仅以创业启动资金5000元为代价偿还债务，对此范围以外的债务不承担责任。

启示感悟

我国民法典规定法人的出资人以出资份额为限承担民事责任，也就是说法人的出资人承担的是有限责任，即仅在出资范围内对法人债务承担责任。这一制度降低了大学生创业的债务风险，也鼓励大学生创新创业，可谓是给每个大学生提供了一份"创业保险"。大学生要知法、懂法、用法，才能更好地规避创业风险。

案例 5　耍酷的代价

　　小卓是学校滑板社的成员，一日，他向朋友甲同学、乙同学吹嘘自己能从平台开始带板跃过平台下方的 5 层。甲同学、乙同学便和小卓打赌，倘若小卓可以从平台跃下并平稳落地，他们就各出 50 元给小卓，倘若不能则小卓给他们二人各 50 元。小卓跃平台后崴了脚并摔倒在地，碍于面子，小卓忍痛给了他们 100 元后独自去医院。诊断结果为脚踝处骨头错位，全部医疗费用近 500 元。

法典规定

《中华人民共和国民法典》

　　第一百三十三条　民事法律行为是民事主体通过意思表示设立、变更、终止民事法律关系的行为。

第一百三十四条　民事法律行为可以基于双方或者多方的意思表示一致成立，也可以基于单方的意思表示成立。

法人、非法人组织依照法律或者章程规定的议事方式和表决程序作出决议的，该决议行为成立。

第一百五十三条　违反法律、行政法规的强制性规定的民事法律行为无效。但是，该强制性规定不导致该民事法律行为无效的除外。

违背公序良俗的民事法律行为无效。

案例分析

1.本案中甲同学、乙同学、小卓在课余时间进行娱乐活动，以金钱作为赌资，由于其违背社会主流价值观和善良风俗而无效。

2.甲同学、乙同学都已经预见从平台跃下的行为可能会造成小卓身体受到伤害的结果，但因小卓过于自信而主动要表演并与甲同学、乙同学打赌，最终造成自己受伤，小卓具有较大的过错，应承担主要责任。甲同学、乙同学对小卓的危险表演不但不劝阻，反而积极参与，如果小卓向他们主张医药费，甲同学、乙同学应当平均承担剩余责任。

启示感悟

在日常生活中，打赌或者赌博契约大量存在，所引发的纠纷也数不胜数，但由于我国现行民事法律对打赌未明确规定，因此，打赌或因打赌引发的纠纷在法庭上属于法官自由裁量权的范围。同学们在日常生活中切勿盲目自信，要在保证安全的情况下同朋友开展娱乐活动。

案例6　遵纪守法道德佳

案情介绍

大学生小怀想买一部新手机，手机商店的售货员将一部定价2999元的手机误标为1999元，小怀以为是该店的大促销活动，于是买了两部。事后，售货员才发现每部手机少收了1000元。小怀将其中一部手机以2999元卖给了其他同学。商家找到了小怀，并与小怀达成合意，小怀将自己持有的手机退货，并且把卖手机盈利的1000元交付给商家。

法典规定

《中华人民共和国民法典》

第一百四十三条　具备下列条件的民事法律行为有效：

（一）行为人具有相应的民事行为能力；

（二）意思表示真实；

（三）不违反法律、行政法规的强制性规定，不违背公序良俗。

第一百四十七条 基于重大误解实施的民事法律行为，行为人有权请求人民法院或者仲裁机构予以撤销。

案例分析

1. 商家与小怀之间的行为是基于重大误解实施的民事行为，依据民法典是可撤销、可变更的。商店与小怀顺利达成合意，也是民法意思自治原则的体现，同时也符合公共秩序和善良风俗的基本要求。

2. 商家与小怀达成合意，小怀将手机退给商家，商家退还一部手机的钱，另外小怀卖出手机获利1000元没有法律依据，应当退还给商家。

启示感悟

在日常生活中，基于重大误解的民事行为依法属于可撤销民事行为，撤销后该行为自始无效。案例中小怀和商家达成合意，撤销了购买法律行为。同学们倘若因重大误解行为导致自身权益受损也不必慌张，可以与对方协商处理。当然，同学们在遵守法律的同时也要坚守每个人应有的道德底线。

案例 7　好事成双

案情介绍

　　小意为某高校大四学生，他非常喜欢研究生甲学长的纪念款篮球鞋。甲学长与小意约定，如果小意通过研究生考试，就把自己的纪念款球鞋送给小意。为成人之美，甲学长多次督促小意认真复习，并且对小意遇到的一些考研难题作出详细解释。最终小意顺利考上了研究生，甲学长也如约将篮球鞋送给了小意。

按照约定，这是属于你的球鞋，恭喜上岸！

《中华人民共和国民法典》

第一百五十八条 民事法律行为可以附条件，但是根据其性质不得附条件的除外。附生效条件的民事法律行为，自条件成就时生效。附解除条件的民事法律行为，自条件成就时失效。

案例分析

1. 甲学长与小意之间的约定是附条件的赠与。甲学长赠与小意球鞋的前提条件是小意能够顺利考上研究生。

2. 甲学长多次鼓励并给小意答疑，帮助小意顺利考上研究生。这种以善意的方式促成所附条件成就，以便于合同生效，是法律所允许的行为。当小意顺利考上研究生时，条件成就，赠与也就产生了效力。

启示感悟

我国民法典规定合同可以附条件，附条件的合同是指在合同中附加一定条件。当条件成就，合同便会生效或者终止。虽然合同中附条件的事实是当事人任意选择的，但所附的条件也有要求，除了具有合法性，它们还必须是尚未发生的并且不确定是否会发生的事实。这一规定体现了民法的精神——尽可能地尊重当事人的意思自治。同学们在签订合同时，一定要注意是否附条件。另外，同学们切忌使用恶意方式促成条件，否则视为条件不成就。

案例 8　契约精神要恪守

案情介绍

小佳是设计专业的学生，平时会独立设计制作方巾、玩偶衣服等作品并发布到网络上分享。一名网友认可小佳的能力，希望他为自己的玩偶定做一件小衣服，二人在网上就价格、交付时间、成品的要求进行详细协商后达成一致。不料次日小佳右臂摔伤，无法在约定期限内交付作品，小佳私自委托同班同学代为制作，最终在约定期限内完成作品，对方也支付了相应报酬。收到衣服后，网友向小佳询问了设计理念等问题，小佳却支支吾吾，网友察觉到小佳对作品并不熟悉，追问之下得知作品是出自他人之手。

手受伤了，单主的单子怎么办？

法典规定

《中华人民共和国民法典》

第一百六十一条　民事主体可以通过代理人实施民事法律行为。

17

依照法律规定、当事人约定或者民事法律行为的性质，应当由本人亲自实施的民事法律行为，不得代理。

第一百六十四条　代理人不履行或者不完全履行职责，造成被代理人损害的，应当承担民事责任。

代理人和相对人恶意串通，损害被代理人合法权益的，代理人和相对人应当承担连带责任。

案例分析

1. 小佳与网友之间的约定为承揽合同，承揽合同为不要式合同，因此可以使用口头约定的方式，定做物品属于民法典第一百六十一条规定的不得代理行为，因此，小佳无权委托他人代理。

2. 小佳的同班同学代为制作物品的行为不属于无权代理。无权代理是指没有代理权，而以他人名义进行代理活动的民事行为，包括没有代理权、超越代理权或者代理权终止后的代理行为，但小佳的行为是不得代理的法律行为，不能由他人进行代理，即使有合法的委托也不行。

启示感悟

代理权可以通俗地理解为"代为管理"，代理人所做的行为都是以被代理人的名义实施的，并且最终结果也都由被代理人承担。代理人要亲自实施代理行为，将代理事务同自己的事一样对待，倘若代理人以恶意目的接受代理，则代理行为无效。代理权是我们责任心的体现，接受他人的代理就要尽心尽责地完成，责任的意义对于成年人而言更是重大。

案例 9　助人为乐无忧虑

　　小叶是某高校大二学生，假期小叶在家中休息，隔壁邻居家由于电线线路老化而失火，而邻居家中无人。为了避免火势蔓延造成更大的损失，小叶运用消防演习课中学到的知识，利用楼道的灭火器材，扑灭了邻居家小规模火焰。小叶的衬衫因救火被损坏，小叶有权请求邻居对其因救火而受到的损失进行相应的赔偿。

《中华人民共和国民法典》

第一百二十一条 没有法定的或者约定的义务，为避免他人利益受损失而进行管理的人，有权请求受益人偿还由此支出的必要费用。

案例分析

1. 小叶为邻居救火没有法律上规定的义务，也没有当事人约定的义务。
2. 小叶救火的目的是避免火势蔓延而造成更大的损失。
3. 小叶的损失是由于救火而造成的，因而产生了无因管理之债。

启示感悟

老人摔倒该不该扶、他人身陷困境要不要救的选择题，是法律与道德的碰撞。为了鼓励人们发扬助人为乐的传统美德，改善社会的民风秩序，法律规定了无因管理制度。一方面免除了施救者的过错责任，另一方面规定因管理行为而造成的损失，可以请求被管理者予以补偿，从两个方向为人们排除乐于助人的后顾之忧。这一制度是法律调整社会秩序的重要体现。

案例 10　见义勇为有保障

　　小杰系某大学大二学生。一天，小杰在校外遇到有人正对一过往行人实施抢劫，小杰听到呼救声后立即拦住抢劫者。在与抢劫者搏斗的过程中，被抢者受伤，小杰也不慎摔倒受伤，后被送往医院住院治疗，产生了医疗费、护理费、营养费、住院伙食补助费、交通费等共计 3000 元。

《中华人民共和国民法典》

第一百八十三条 因保护他人民事权益使自己受到损害的，由侵权人承担民事责任，受益人可以给予适当补偿。没有侵权人、侵权人逃逸或者无力承担民事责任，受害人请求补偿的，受益人应当给予适当补偿。

第一百八十四条 因自愿实施紧急救助行为造成受助人损害的，救助人不承担民事责任。

案例分析 ◢

1. 小杰因为见义勇为产生的各项损失共计 3000 元，应该由侵权人（抢劫者）承担民事赔偿责任，同时由受益人进行适当补偿。

2. 被抢者的人身损失应由抢劫者赔偿，小杰不承担民事责任。

启示感悟 ◢

　　小杰在见义勇为中受伤，事实清楚，证据充分，小杰获得见义勇为表彰。小杰不顾个人安危与违法犯罪行为作斗争，既保护了他人的个人财产和生命安全，也维护了社会治安秩序，弘扬了社会正气。见义勇为问题一直都颇受社会公众关注，民法典扎根于中国的传统与实践，广泛吸收借鉴了大陆法系和普通法系的法治成果，为见义勇为行为提供了保障，突出了民事法律的人性化。

案例 11　别睡了！起来维权了！

案情介绍

　　小艺为在校大学生，因兼职需要经常出入市区，但学校地处郊区交通不便，故于 2017 年 12 月，他向 3 位舍友借款共计 3 万元买了一辆二手小轿车，并与舍友们立字据约定一年后将钱还清。但直到 2020 年 6 月，小艺从未提起还钱一事，舍友们便要求小艺还钱，小艺表示一周后还清，并在原来的字据上做了注明。毕业后小艺仍与 3 位舍友保持联系，却始终未还钱。2021 年 1 月，舍友们再次要求小艺还钱，小艺却称他的一个律师朋友说他们之间的债务已超过三年的诉讼时效，可以不用再还。舍友们气愤至极，向法院提起诉讼。

法典规定

《中华人民共和国民法典》

　　第一百八十八条　向人民法院请求保护民事权利的诉讼时效期间为三年。法律另有规定的，依照其规定。

　　诉讼时效期间自权利人知道或者应当知道权利受到损害以及义

务人之日起计算。法律另有规定的，依照其规定。但是，自权利受到损害之日起超过二十年的，人民法院不予保护，有特殊情况的，人民法院可以根据权利人的申请决定延长。

第一百九十五条　有下列情形之一的，诉讼时效中断，从中断、有关程序终结时起，诉讼时效期间重新计算：

（一）权利人向义务人提出履行请求；

（二）义务人同意履行义务；

（三）权利人提起诉讼或者申请仲裁；

（四）与提起诉讼或者申请仲裁具有同等效力的其他情形。

案例分析

1. 权利人向人民法院请求保护民事权利的诉讼时效期间为三年，从2017年12月借款至2021年1月提起诉讼，舍友的权利已经超过三年的诉讼时效。

2. 在2020年6月，舍友们向小艺提出了履行债务的请求，小艺也表示愿意履行义务，因此诉讼时效中断，诉讼时效应从2020年6月再重新计算，故舍友的胜诉权依然存在，法院应支持舍友要求小艺还款的请求。

启示感悟

诉讼时效制度作为引起民事法律关系产生、变更或者消灭的民事法律事实，其目的不是惩罚权利人不及时行使请求权的行为，更不是保护义务人不履行义务的行为，它有利于稳定社会经济秩序，促进社会主义市场经济的发展，也有利于保护当事人的合法权益，还有利于人民法院及时正确地处理民事纠纷。

案情介绍

　　小源（女）是一名刚满 18 周岁的大学生，进入大学后独来独往，不愿与人交谈。辅导员发现异样后对小源进行了心理辅导，在辅导员的关心下，小源渐渐说出心里的秘密，原来在高三住校期间遭受的校园霸凌，导致小源心里有了挥之不去的阴影。辅导员了解情况后，鼓励她维权，并且联系了小源的父母和相关部门，让当年的不良青年承担了相应的责任。此后，同学们也格外照顾小源，她在大学开始了美好的新时光。

法典规定

《中华人民共和国民法典》

　　第一百八十八条　向人民法院请求保护民事权利的诉讼时效期间为三年。法律另有规定的，依照其规定。

　　诉讼时效期间自权利人知道或者应当知道权利受到损害以及义

务人之日起计算。法律另有规定的，依照其规定。但是，自权利受到损害之日起超过二十年的，人民法院不予保护，有特殊情况的，人民法院可以根据权利人的申请决定延长。

第一百九十一条　未成年人遭受性侵害的损害赔偿请求权的诉讼时效期间，自受害人年满十八周岁之日起计算。

案例分析

心源能够在辅导员的指导下依据民法规定的诉讼时效制度积极维权，是对校园霸凌这一恶劣现象的有力反击。同学们不应该参与校园霸凌，反之应当积极制止校园霸凌行为！当同学们遭受校园霸凌时，要勇于运用法律武器积极维权！

启示感悟

未成年人遭受侵害时，由于受害人心智尚未完全成熟，不懂得该行为的危害性，受害人不敢告诉父母，也不知道通过法律手段寻求保护。我国民法典确立了民事权利的诉讼时效制度，并规定了特殊情况，意在提醒我们面对不法侵害时要早介入、早消除，多和老师及家人沟通，积极维权，只有这样，那些恶行才能被有效打击。同学们在大学日常生活中面对一些无理威胁时不必害怕，我们国家的法律是同学们坚强的后盾。

第二编

物　权

导语　　民法典物权编调整因物的归属和利用而产生的民事关系,这里的"物"是指有体物,主要表现为财产。物权是民事主体依法享有的重要财产权,也是大学生应该知晓的基本权利之一。物权制度是最重要的民事基本制度之一,物权所调整的民事关系是财产支配关系。根据物的归属状态的不同,物权可以分为自物权(所有权)、准物权(占有)和他物权(包括用益物权和担保物权)。因此,学习并了解民法典物权编对大学生来说十分重要。

案例 13 对哄抢行为说不

一日，大学生小西外出游玩，途中遇到一辆大货车意外侧翻，成袋的苹果散落一地，遭到附近村民的哄抢。小西和几名路人见状立刻上前制止这些人的行为，一部分人听从劝告，选择帮助司机挽回损失，另一些人却依旧我行我素，不以为然。

《中华人民共和国民法典》

第二百六十六条 私人对其合法的收入、房屋、生活用品、生产工具、原材料等不动产和动产享有所有权。

第二百六十七条 私人的合法财产受法律保护，禁止任何组织或者个人侵占、哄抢、破坏。

案例分析

1. 根据民法典第二百六十六条的规定，村民的哄抢行为是违法的，对抢来的苹果不享有所有权。

2. 根据民法典第二百六十七条的规定，运输苹果时，货车司机是苹果的实际占有人，个人不能以哄抢的行为侵害私人合法财产。

启示感悟

哄抢事件时有发生，大多数参与人都抱着法不责众的心态，殊不知，哄抢不仅是不道德的，更是违法的。哄抢人不仅会受到行政处罚，严重时甚至可能构成犯罪。当看见身边有人去哄抢他人财物时，大学生应当及时劝阻并且告知其行为的不道德性与违法性。聚众哄抢，法亦责众。

案例 14 金手链不翼而飞，我该向谁索要

小元刚刚迈入大学校园，就不慎将自小佩戴的金手链丢了，恰巧被清洁工小张拾得。小张以 1000 元卖给了不知情的小维。一个星期后，小元得知是清洁工小张捡到了自己的金手链后，便要求小张返还，小张称金手链已经卖给小维。于是小元向小维索要自己的金手链，小维认为金手链是自己花钱买来的，拒绝归还。小元不知如何是好。

法典规定

《中华人民共和国民法典》

第一百四十三条 具备下列条件的民事法律行为有效：

（一）行为人具有相应的民事行为能力；

（二）意思表示真实；

（三）不违反法律、行政法规的强制性规定，不违背公序良俗。

第三百一十一条　无处分权人将不动产或者动产转让给受让人的，所有权人有权追回；除法律另有规定外，符合下列情形的，受让人取得该不动产或者动产的所有权：

（一）受让人受让该不动产或者动产时是善意；

（二）以合理的价格转让；

（三）转让的不动产或者动产依照法律规定应当登记的已经登记，不需要登记的已经交付给受让人。

受让人依据前款规定取得不动产或者动产的所有权的，原所有权人有权向无处分权人请求损害赔偿。

当事人善意取得其他物权的，参照适用前两款规定。

第三百一十二条　所有权人或者其他权利人有权追回遗失物。该遗失物通过转让被他人占有的，权利人有权向无处分权人请求损害赔偿，或者自知道或者应当知道受让人之日起二年内向受让人请求返还原物；但是，受让人通过拍卖或者向具有经营资格的经营者购得该遗失物的，权利人请求返还原物时应当支付受让人所付的费用。权利人向受让人支付所付费用后，有权向无处分权人追偿。

第三百一十四条　拾得遗失物，应当返还权利人。拾得人应当及时通知权利人领取，或者送交公安等有关部门。

第三百一十六条　拾得人在遗失物送交有关部门前，有关部门在遗失物被领取前，应当妥善保管遗失物。因故意或者重大过失致使遗失物毁损、灭失的，应当承担民事责任。

第三百一十八条　遗失物自发布招领公告之日起一年内无人认领的，归国家所有。

第九百八十七条　得利人知道或者应当知道取得的利益没有法律根据的，受损失的人可以请求得利人返还其取得的利益并依法赔偿损失。

1.根据民法典相关规定，清洁工小张虽然捡到小元同学的金手链，但依然不是金手链的所有权人，因此小张对金手链不具有处分权，将金手链卖给小维的行为，属于无权处分。由于金手链属于遗失物，所以小张将金手链卖给小维的行为不具有法律效力，所有权人小元有权追回自己的遗失物，向小维索要自己的金手链。

2.小张与小维之间存在口头合同，合同成立且有效，物权处分并不影响合同的效力，所以小维在被小元追回金手链后，可以追究小张的违约责任。此外，金手链被追回后，小张获得的1000元货款便不再具有法律根据，所以小维可以要求小张返还这1000元。以上两种方式，小维可以任意选择行使其中一项权利，来挽回自己的损失。

启示感悟 ◢

　　每个人都可能遇到物品遗失的情况，了解善意取得制度的相关知识，有利于我们及时向拾得人追回自己的遗失物，避免财产损失。当自己拾得遗失物后，如果知道遗失物的主人，应该妥善保管并及时物归原主；如果自己不知道遗失物的所有权人，应该妥善保管并交给公安部门，由公安部门发布招领公告。同样，当我们不慎购买到他人遗失的物品后，可以与卖家协商退款，或者通过调解、诉讼等方式追回自己的钱财。我们最好能谨慎思考，通过正规途径购买商品，以防遭受损失。

案例 15　家宅难再买，想卖需斟酌

　　小玲（城市户口）在大四落实工作后，她父母在小玲工作的城市买了一套房并落户，把农村闲置的老宅卖给了同村的甲某。后来，小玲的父母想要重新申请宅基地，再建一栋房屋，当其向村委会提出申请时，却被告知他们没资格申请宅基地，小玲的父母对此产生了疑问。

《中华人民共和国民法典》

第三百六十三条 宅基地使用权的取得、行使和转让，适用土地管理的法律和国家有关规定。

《中华人民共和国土地管理法》

第十一条 农民集体所有的土地依法属于村农民集体所有的，由村集体经济组织或者村民委员会经营、管理；已经分别属于村内两个以上农村集体经济组织的农民集体所有的，由村内各该农村集体经济组织或者村民小组经营、管理；已经属于乡（镇）农民集体所有的，由乡（镇）农村集体经济组织经营、管理。

第六十二条 农村村民一户只能拥有一处宅基地，其宅基地的面积不得超过省、自治区、直辖市规定的标准。

人均土地少、不能保障一户拥有一处宅基地的地区，县级人民政府在充分尊重农村村民意愿的基础上，可以采取措施，按照省、自治区、直辖市规定的标准保障农村村民实现户有所居。

农村村民建住宅，应当符合乡（镇）土地利用总体规划、村庄规划，不得占用永久基本农田，并尽量使用原有的宅基地和村内空闲地。编制乡（镇）土地利用总体规划、村庄规划应当统筹并合理安排宅基地用地，改善农村村民居住环境和条件。

农村村民住宅用地，由乡（镇）人民政府审核批准；其中，涉及占用农用地的，依照本法第四十四条的规定办理审批手续。

农村村民出卖、出租、赠与住宅后，再申请宅基地的，不予批准。

国家允许进城落户的农村村民依法自愿有偿退出宅基地，鼓励农村集体经济组织及其成员盘活利用闲置宅基地和闲置住宅。

国务院农业农村主管部门负责全国农村宅基地改革和管理有关工作。

　　1. 民法典规定宅基地使用权问题适用土地管理的法律和国家有关规定。根据土地管理法规定，国家允许进城落户的农村村民依法自愿有偿退出宅基地，所以小玲的父母将宅基地卖给同村村民的行为是合法的。

　　2. 根据土地管理的法律和国家有关规定，农民集体所有的土地属于村农民集体所有，所以城市户口是不可以申请宅基地或者购买宅基地的。因此，小玲的父母转为城市户口后，想再申请宅基地，是不具有法律依据的。

启示感悟

　　　近些年来，有的农村村民选择进城落户，同时卖掉农村的宅基地。但是很多人却不懂关于宅基地的相关法律规定，卖掉宅基地之后却后悔，想要再申请或购买宅基地时，更是束手无策。我们学习民法典，其目的是运用法律知识，找到解决问题的方法，避免盲目做出决定，留下遗憾。大学生如果在家庭生活中遇到此类情况，可以告诉父母相关法律规定，让父母充分考虑所有因素后，谨慎决策。

案例 16 "讲理"的拾金不昧

案情介绍

小菲在回学校的路上捡到了一个钱包。这时后面的一位大叔甲看到了，就从小菲手里夺走，并声称该钱包并非小菲的，因此自己拿走也应该。小菲认为自己捡到的钱包应该归还给失主或者交给警察，大叔甲认为钱包应该归自己，两人为此争论不休。

法典规定

《中华人民共和国民法典》

第三百一十四条 拾得遗失物，应当返还权利人。拾得人应当及时通知权利人领取，或者送交公安等有关部门。

第四百六十二条 占有的不动产或者动产被侵占的，占有人有权请求返还原物；对妨害占有的行为，占有人有权请求排除妨害或者消除危险；因侵占或者妨害造成损害的，占有人有权依法请求损害赔偿。

占有人返还原物的请求权，自侵占发生之日起一年内未行使的，该请求权消灭。

1. 小菲应该是钱包的占有人。虽然小菲并不享有钱包的所有权，但是小菲先拾得遗失物是法律所认可的占有，依法应当受到法律的保护。

2. 钱包属于占有的动产。大叔甲从小菲手里夺走钱包的行为属于侵害行为，小菲作为占有人有权行使占有保护请求权。对于占有的动产被侵害的，占有人有权要求返还原物，即小菲有权要求大叔甲返还钱包。

启示感悟

在日常生活中，大学生捡到丢失物品的行为在法律上称为拾得遗失物，拾得遗失物是法律所认可的占有。根据民法典的规定，拾得遗失物应当返还失主；拾得人应当及时通知失主领取，或者交送公安等有关部门，可以推定拾得遗失物据为己有的行为是法律规定所不认可的行为。此外，大学生占有的动产或者不动产受到侵害的，可以行使要求返还原物、排除妨害、消除危险、损害赔偿等占有保护请求权来维护自己的合法权益。

案例 17 抵押难，难于"登"上天

案情介绍

小丰系服装设计学院的一名大四学生，通过设计服装已拥有30万元积蓄。小丰的朋友甲已经步入社会，想要创业，向小丰借10万元，由甲的创业合伙人乙提供价值8万元的一间房屋做抵押，但没有办理房屋抵押登记。一年后，甲创业亏损无力还债，小丰诉至法院要求行使抵押权，却被告知抵押权无效，小丰对此产生疑问。

法院：抵押权无效！

法典规定

《中华人民共和国民法典》

第三百九十五条 债务人或者第三人有权处分的下列财产可以抵押：

（一）建筑物和其他土地附着物；

（二）建设用地使用权；

39

（三）海域使用权；

（四）生产设备、原材料、半成品、产品；

（五）正在建造的建筑物、船舶、航空器；

（六）交通运输工具；

（七）法律、行政法规未禁止抵押的其他财产。

抵押人可以将前款所列财产一并抵押。

第四百零二条　以本法第三百九十五条第一款第一项至第三项规定的财产或者第五项规定的正在建造的建筑物抵押的，应当办理抵押登记。抵押权自登记时设立。

案例分析

1. 根据民法典第四百零二条规定，以下列财产抵押的，应办理抵押登记，抵押权自登记时设立：建筑物和其他土地附着物；建筑用地使用权；海域使用权；正在建造的建筑物。房屋属于建筑物。因此，房屋抵押时应当办理抵押登记手续，否则抵押无效。所以，甲当时向小丰做房屋抵押时，应当办理抵押登记手续。

2. 小丰诉至法院要求行使抵押权，其行为没有法律依据，抵押无效。

启示感悟

大学生在上学期间乃至步入社会以后，都可能遇到朋友借钱的问题。当朋友借款金额较大时，我们需要慎重考虑。如果朋友选择房屋抵押，我们应当充分了解抵押权相关法律规定，按照法律规定订立抵押合同，对某些财产设置抵押权还需依法办理抵押权登记，才能最大程度避免抵押权无效，使自己免遭财产损失。

案情介绍

　　甲找小慧借款 1 万元，小慧因为朋友情谊便向父母借款并承诺甲还款后立即交还给父母。甲提出可用笔记本电脑作为质押，保证次年元月 1 日一次还本付息，小慧遂与其签订书面质押借款合同。合同签订当日，小慧将 1 万元现金交付给甲，同时要求甲向其交付笔记本电脑。甲称笔记本电脑不在身边，保证五日后取来交给小慧。小慧对此表示同意。但五日后小慧欲向甲索要笔记本电脑，却找不到甲，两周后，小慧仍未拿到笔记本电脑。经多方打听，方知该笔记本电脑已交给乙作质押，小慧遂找到乙向他索要笔记本电脑，但乙拒绝。到了次年元月 1 日借款合同期限届满，小慧要求甲归还借款，甲表示无力还款，一拖再拖。小慧遂向法院起诉甲和乙。

《中华人民共和国民法典》

第三百八十六条 担保物权人在债务人不履行到期债务或者发生当事人约定的实现担保物权的情形，依法享有就担保财产优先受偿的权利，但是法律另有规定的除外。

第四百二十五条 为担保物权的履行，债务人或者第三人将其动产出质给债权人占有的，债务人不履行到期债务或者发生当事人约定的实现质权的情形，债权人有权就该动产优先受偿。

前款规定的债务人或者第三人为出质人，债权人为质权人，交付的动产为质押财产。

第四百二十六条 法律、行政法规禁止转让的动产不得出质。

第四百二十七条 设立质权，当事人应当采取书面形式订立质押合同。

质押合同一般包括下列条款：

（一）被担保债权的种类和数额；

（二）债务人履行债务的期限；

（三）质押财产的名称、数量等情况；

（四）担保的范围；

（五）质押财产交付的时间、方式。

第四百二十九条 质权自出质人交付质押财产时设立。

案例分析

1. 小慧与甲签订的质押借款合同的形式和内容均符合法律的规定，且甲的笔记本电脑是动产，可转让、扣留，符合质权成立的要件。但是，依据法律规定，质权只有在动产质权的标的物即质物交付时才成立、生效。因而，小慧虽与甲签订书面质押借款合同，但因质物即笔记本电脑一直未交付，故质押合同虽成立，但是质权并未生效，不受法律保护，故小慧不享有质权。

2. 乙对该笔记本电脑依法享有质权，其占有笔记本电脑是合法的。在甲清偿其债务前，乙可拒绝他人包括甲对该笔记本电脑的返还请求。而小慧不但对笔记本电脑不具有质权，而且其与乙之间又无任何债权债务关系，故无权起诉乙，只能要求甲归还借款。

启示感悟

　　当代大学生重视朋友情谊，朋友有难需要借款时，往往选择仗义相助，而面对不小的金额时，又往往有对方不能还款的担忧。大学生可以选择与对方按照法律规定签订质押合同，在对方不能偿还债务时，用质押的物品优先受偿。质权是担保物权的一种，大学生行使质权，既极大地保证了大学生的债权得到完全清偿，又能避免由于借款问题而损害朋友情谊。

案例19　没钱？留下来！

　　小希擅长一些电子设备的维修，其朋友甲委托小希帮他维修价值3万元的数码相机，维修费用2000元，甲与小希签下书面协议，双方约定：小希维修完后一周内甲支付相关费用，维修费用结清遂归还相机。但是，相机维修好一周后，甲没有如约支付费用，小希行使留置权（假如出现以下两种情况）：（1）在小希保管数码相机期间，不小心把数码相机的镜头摔碎了。为此，甲要求小希赔偿费用；（2）两月后，小希因急用钱，向甲索要维修费用，可是甲屡找借口，迟迟不给，甚至以朋友情谊相要挟。

《中华人民共和国民法典》

第四百四十七条 债务人不履行到期债务，债权人可以留置已经合法占有的债务人的动产，并有权就该动产优先受偿。

前款规定的债权人为留置权人，占有的动产为留置财产。

第四百五十一条 留置权人负有妥善保管留置财产的义务；因保管不善致使留置财产毁损、灭失的，应当承担赔偿责任。

第四百五十三条 留置权人与债务人应当约定留置财产后的债务履行期限；没有约定或者约定不明确的，留置权人应当给债务人六十日以上履行债务的期限，但是鲜活易腐等不易保管的动产除外。债务人逾期未履行的，留置权人可以与债务人协议以留置财产折价，也可以就拍卖、变卖留置财产所得的价款优先受偿。

留置财产折价或者变卖的，应当参照市场价格。

第四百五十五条 留置财产折价或者拍卖、变卖后，其价款超过债权数额的部分归债务人所有，不足部分由债务人清偿。

案例分析

1. 小希是留置权人，数码相机是留置财产。妥善保管留置财产是留置权人的法定义务，即小希有义务妥善保管好数码相机。数码相机因为小希的保管不善导致镜头损毁，所以，小希应当承担赔偿责任。

2. 甲是债务人，根据民法典第四百五十三条和第四百五十五条规定，小希与甲没有约定或者对留置财产后的债务履行期限约定不明确，小希应当给甲六十日以上履行债务的期限，甲超过期限未履行的，小希可以与甲协议将数码相机变卖，变卖所得的价款小希可以优先受偿，即小希与甲把数码相机变卖后，小希可以优先取得维修费用 2000 元，超过 2000 元的价款归甲所有。

启示感悟

随着现代科技的不断发展，科技产品维修也成为与人们日常生活密不可分的现象。擅长维修的学生嗅到了商机，通过赚取维修费用使自己在大学就能经济独立。但是，取得经济独立的道路不是一帆风顺的，当大学生遇到对方屡次拖欠维修费用时，可以行使留置权来维护自己的合法权益，即可以扣留维修物用于清偿债务。当然，享受权利的同时也要承担义务，大学生也要履行妥善保管维修物的法定义务。此外，留置权不仅仅可以解决维修方面的纠纷，其在合同纠纷中也是必不可少的一部分。

案例 20　野蛮装修何时休

　　小昊家住城郊地带某小区二楼，该小区许多业主将一楼的车库改为商铺对外营业。小昊五一放假回家，发现自家楼下的车库正在进行装修，业主小王将原本用来分隔两个车库的一面石砌承重墙敲掉，以扩大商铺面积。小昊的父母对此十分担心，与小王多次协商无果，不知如何是好，经小昊建议后，小昊父母联合其他业主，向住建部门反映了此事，住建部门给房东小王下发了装修停工通知书。经过协商，小王将敲掉的承重墙恢复原状，消除了安全隐患。

47

《中华人民共和国民法典》

第二百七十二条 业主对其建筑物专有部分享有占有、使用、收益和处分的权利。业主行使权利不得危及建筑物的安全，不得损害其他业主的合法权益。

第二百八十六条 业主应当遵守法律、法规以及管理规约，相关行为应当符合节约资源、保护生态环境的要求。对于物业服务企业或者其他管理人执行政府依法实施的应急处置措施和其他管理措施，业主应当依法予以配合。

业主大会或者业主委员会，对任意弃置垃圾、排放污染物或者噪声、违反规定饲养动物、违章搭建、侵占通道、拒付物业费等损害他人合法权益的行为，有权依照法律、法规以及管理规约，请求行为人停止侵害、排除妨碍、消除危险、恢复原状、赔偿损失。

业主或者其他行为人拒不履行相关义务的，有关当事人可以向有关行政主管部门报告或者投诉，有关行政主管部门应当依法处理。

《西安市建筑装饰装修条例》

第十三条 建筑装饰装修工程变动建筑物、构筑物主体或者承重结构的，建设单位应当在施工前委托原设计单位或者具有相应资质等级的设计单位提出施工图设计文件，并报施工图审查机构审查，审查合格后方可施工。房屋使用者在建筑装饰装修过程中，不得擅自变动建筑主体和承重结构。

对主体结构质量不合格的新建建筑物、构筑物和存在结构安全隐患的既有建筑物、构筑物，不得进行装饰装修。

第三十六条 物业服务企业或者其他管理人发现住宅装饰装修活动有违反本条例规定行为的，应当予以劝阻、制止；劝阻、制止无效的，应当报告有关部门。有关部门接到报告后，应当及时到现场检查核实并依法予以处理。

案例分析

1.根据相关法律规定，作为小区业主的小王对其建筑物专有部分享有使用的权利，有权对车库进行装修，但是，小王行使自己的权利时，不能损害其他业主的合法权益。小王为了扩大商铺面积将承重墙敲掉的行为，在施工前并没有按照相关规定委托设计单位提出施工图设计文件，并报施工图审查机构审查，所以小王的行为是违法的，损害了其他业主的合法权益。

2.小昊的父母以及其他业主、业主大会、业主委员会，有权要求小王停止这种行为，恢复原状、消除危险，在小王拒绝履行相关义务时，可以向有关行政主管部门报告或者投诉，由有关行政部门依法处理该问题。

启示感悟

房屋装修，是生活中再正常不过的事情，因装修引发的矛盾纠纷在生活中也不少见。一些人一味追求美观，干出违法装修之事，砸承重墙、拆建筑主体，这等野蛮装修，让左邻右舍心慌慌。看似一家一户之事的装修，实则关系到居住安全、公共利益。任性装修，不仅损害自己，还危害他人。未经许可变动建筑主体和承重结构等行为，轻则恢复原状，承担经济处罚；重则涉嫌刑事犯罪。野蛮装修不可为，他人权益需尊重。

第三编

合　同

导语　　　　合同编作为民法典的第三编，调整因合同产生的民事关系。简单来说，合同就是平等主体的自然人、法人、其他组织之间设立、变更、终止民事权利义务关系的协议。合同或协议一般只是名称、叫法不同，只要不违反法律和道德风俗，当事人双方或多方可以任意约定合同或协议的名称、内容、形式，这都是有效的，这种合意有时表现为口头形式，有时表现为书面形式。大学生活中的买早饭、超市购物、坐公交、租房、网购、赠与、借款、签约、兼职、旅游等行为都属于合同范畴，均受民法典合同编的调整。因此，大学生一定要通晓民法典合同编的基本规定。

案例21 邀约 + 对应承诺 = 合同成立

某超市正在进行周年店庆活动，向大学生小琛投送了商业广告宣传单。小琛来到超市看中一款保温水杯，上面贴有标签"店庆促销，30 元 / 个"，小琛想为室友也带一个水杯，认为有砍价的空间，便向超市售货员询问："保温杯 50 元两个可以吗？"超市售货员向经理询问后回答"可以"。

法典规定

《中华人民共和国民法典》

第四百七十一条 当事人订立合同，可以采取要约、承诺方式或者其他方式。

第四百七十二条 要约是希望与他人订立合同的意思表示，该意思表示应当符合下列条件：

（一）内容具体确定；

（二）表明经受要约人承诺，要约人即受该意思表示约束。

第四百七十三条 要约邀请是希望他人向自己发出要约的表示。拍卖公告、招标公告、招股说明书、债券募集办法、基金招募说明书、商业广告和宣传、寄送的价目表等为要约邀请。

商业广告和宣传的内容符合要约条件的，构成要约。

第四百七十九条 承诺是受要约人同意要约的意思表示。

第四百八十条 承诺应当以通知的方式作出；但是，根据交易习惯或者要约表明可以通过行为作出承诺的除外。

案例分析

1. 超市的广告宣传单属于要约邀请。

2. 保温杯上贴有标签"店庆促销，30元/个"，其标的物和价格确定，可视为要约。

3. "这款保温杯50元两个可以吗？"是对超市的要约内容进行实质性变更，应视为新的要约。

4. 售货员回答"可以"，即是承诺。要约一经承诺，合同便告成立（合同形式为口头合同），此时超市负有将两个保温杯交付给小琛的义务，小琛应支付超市50元的价款。

启示感悟

日常生活中，我们无时无刻不在和别人订立合同，比如食堂买饭、商场买衣服等都属于口头的买卖合同；现在网购十分流行，在网络上购物可以看作是书面的买卖合同；出门乘坐公交车、地铁，这是运输合同。合同的订立时时发生在我们的身边，我们要严格依据民法典去订立合同，确保合同有效，同时全面正确履行自己的承诺。

案例22 违约与侵权责任竞合

小启是艺术设计专业的一名大四学生，在校期间创作了很多艺术作品。临近毕业，小启为了下一步创业决定在某市图书馆举办自己的艺术作品展销活动，为此她和该图书馆约定了展销期间的场地、费用及服务人员安排等相关事宜。展销当日，由于服务人员操作不慎，弄坏了小启特别心仪且具有重大纪念意义的两幅作品，小启要求图书馆承担责任。

我的作品！

法典规定

《中华人民共和国民法典》

第一百八十六条 因当事人一方的违约行为，损害对方人身权益、财产权益的，受损害方有权选择请求其承担违约责任或者侵权责任。

第五百七十七条　当事人一方不履行合同义务或者履行合同义务不符合约定的，应当承担继续履行、采取补救措施或者赔偿损失等违约责任。

第一千一百八十三条　侵害自然人人身权益造成严重精神损害的，被侵权人有权请求精神损害赔偿。

因故意或者重大过失侵害自然人具有人身意义的特定物造成严重精神损害的，被侵权人有权请求精神损害赔偿。

案例分析

1. 小启与某市图书馆订立展销合同，双方都应该依据约定履行义务。

2. 图书馆一方的服务人员由于过失弄坏了小启特别心仪且具有重大纪念意义的两幅作品，这既是侵权行为，又是违约行为。

3. 小启可以要求该图书馆承担违约责任或者侵权责任。

启示感悟

依法成立的合同，具有法律效力；违反合同约定，要承担法律责任。在遇见侵权责任和违约责任竞合的情况下，要积极寻求法律救济，向专业法律人士咨询意见，确定对自己最有利的解决方案后向对方提出赔偿请求，协商不成的可以走诉讼途径。

案例23　了解格式合同,掌握赔偿主动权!

案情介绍

　　大学生小新在 2020 年 2 月 28 日入校时在保险公司购买了人身意外保险,并于当天 14 时 32 分交纳了保险费,保险公司给其出具了发票。保单上打印的保险期限自 2020 年 2 月 29 日零时起至 2021 年 2 月 28 日 24 时止。小新在 2020 年 2 月 28 日 20 时由于意外从楼梯摔落受伤,共花费医疗费十余万元,保险公司以保险合同未生效为由,拒绝理赔。

法典规定

《中华人民共和国民法典》

　　第四百九十六条　格式条款是当事人为了重复使用而预先拟定,并在订立合同时未与对方协商的条款。

　　采用格式条款订立合同的,提供格式条款的一方应当遵循公平原则确定当事人之间的权利和义务,并采取合理的方式提示对方注意免除或者减轻其责任等与对方有重大利害关系的条款,按照对方的要求，对该条款予以说明。提供格式条款的一方未履行提示或者说明义务，致使对方没有注意或者理解与其有重大利害关系的条款的，对方可以主张该条款不成为合同的内容。

第四百九十七条 有下列情形之一的，该格式条款无效：

（一）具有本法第一编第六章第三节和本法第五百零六条规定的无效情形；

（二）提供格式条款一方不合理地免除或者减轻其责任、加重对方责任、限制对方主要权利；

（三）提供格式条款一方排除对方主要权利。

案例分析

1. 小新和保险公司的保险合同关系是根据保险公司提供的格式保险单而建立的。保单中的保险期间自 2020 年 2 月 29 日零时起至 2021 年 2 月 28 日 24 时止，事先由保险公司制定。

2. 对于合同中免除或限制责任的条款，保险公司应明确告知并提请对方注意。但保险公司没有证据证明尽到了合理的提醒义务，因此，保险公司在保险单上书写的保险延期生效时间条款因违反强制性规定应认定无效。保险合同应自小新缴纳保险费的时间生效，保险公司应承担理赔责任。

启示感悟

格式合同作为社会经济发展的产物，有其存在的合理性，法律不能因为格式合同的弊端而取消格式合同的存在。因此，不断完善格式合同，规定哪类不利于格式合同非制定方的条款无效、规定条款制定方的提示义务和说明义务，这是合同法规范格式合同、保护条款非制定方利益的表现。

案例 24 假期旅游引争议

　　刚放寒假，大三学生小博与女友安安准备相约到某风景区游玩。他们选定了一家旅行社安排行程，并与该旅行社签订书面格式合同，合同中规定了旅游的住宿标准为舒适卫生民宿，小博支付了两人的旅游费用 5000 元整。但当小博与女友到该风景区时，该旅行社提供的住宿条件很差，并宣称这就是合同中所述民宿。为此小博和女友与旅行社带队导游王某交涉，但多次交涉后双方没有达成各自满意的旅游方案，最后小博和女友安安无奈返回。

《中华人民共和国民法典》

第四百九十八条　对格式条款的理解发生争议的，应当按照通常理解予以解释。对格式条款有两种以上解释的，应当作出不利于提供格式条款一方的解释。格式条款和非格式条款不一致的，应当采用非格式条款。

案例分析

1.小博及女友依约履行了自己的合同义务，旅行社也必须依约完成旅游安排。

2.如果双方对合同条款的理解产生分歧，应当作出不利于提供格式旅游合同的旅行社的解释。

3.由于旅行社的原因，小博与女友未能实现合同目的，旅行社应当承担违约责任。

启示感悟

大学生在日常生活中可能会签订各种格式合同，比如假期游玩乘坐高铁、签订旅游合同、购买旅游门票等，都属于格式合同。对于这些格式合同的利弊，大学生要有明确的认识，遇到类似情况不要沉默，可主动找旅行社协商，协商不成可以向12315进行投诉，必要的情况下也可向人民法院提起诉讼，运用民法典关于格式合同的规定维护自己的合法权益。

案例 25　悬赏广告必有赏

　　小丽的手机丢失，在微信号"万能墙"上发布悬赏广告称"凡归还手机者，本人可付 300 元感谢费"。后来小琛同学捡到此手机归还给小丽，小丽却拒绝支付感谢费。

《中华人民共和国民法典》

第四百九十九条 悬赏人以公开方式声明对完成特定行为的人支付报酬的，完成该行为的人可以请求其支付。

案例分析 ◢

1. 小琛归还手机给小丽的行为符合悬赏广告里规定的内容，小丽应按照约定向小琛支付 300 元。

2. 即使小琛在事后才知晓悬赏广告的内容，也可以要求小丽支付"感谢费"，小丽应该按照广告支付报酬。

启示感悟 ◢

悬赏广告的性质是有偿合同，当行为人按照悬赏广告的内容做出相应的行为，这实际也是合同的履行，悬赏人此时应根据悬赏广告的内容履行自己支付报酬的义务。根据悬赏广告正确履行支付义务，不但是悬赏人的应为之事，而且还体现其信守承诺的良好道德素养。

案例 26　无诚信，要担责

1. 大四学生小景毕业在即，希望将自己的笔记本电脑卖掉，大一学生小毅有意购买。小毅的舍友小泽与小毅关系不和，他听说此事后对小景谎称将以更高的价格购买，并多次与小景商谈此事，导致小景在毕业前没有将电脑卖出，电脑价格也因时间推移而下降。

2. 大四学生小天邀请舍友吃饭，在校外饭店订了两大份大盘鸡，此时饭店库存的鸡肉并不够做两大份，临时去买又来不及，为了留住此单生意，饭店依靠增加土豆、胡萝卜等配菜做了两大份大盘鸡，品质可想而知，小天拒绝支付价款。

没肉了，我给他多加点菜和土豆不就行了！

《中华人民共和国民法典》

第五百条 当事人在订立合同过程中有下列情形之一，造成对方损失的，应当承担赔偿责任：

（一）假借订立合同，恶意进行磋商；

（二）故意隐瞒与订立合同有关的重要事实或者提供虚假情况；

（三）有其他违背诚信原则的行为。

案例分析 ◢

1.由于小泽的行为，小景失去了重要的交易机会。随着时间的推移，电脑贬值，小景遭受了一定的损失。根据上述法条，小泽属于恶意磋商，应承担赔偿责任，赔偿范围包括交易机会的丧失和电脑贬值的损失。

2.饭店故意隐瞒其食材不够的真相，致使小天和舍友吃的菜品与其所付价款不对等，饭店属于故意隐瞒与订立合同有关的重要事实，应承担赔偿责任。双方可以协商打折或者免单，若协商不成，小天可以向人民法院提起诉讼。

启示感悟 ◢

诚信是我们最重要的品质之一。在订立合同的过程中双方应秉持真诚的态度，以真实意图和可靠的信息参与到商业活动中。诚信是我们与人交往最基本的要素，尤其是在大学校园，同学们都应该做到存善心、不作弊、不说谎，这非常重要！

案情介绍

　　小斌毕业后考取了专利代理师，在其代理小伟科技公司的发明案件时，知悉了该公司发明的主要构造和原理，并在专利申请前将其透露给其他公司，致使小伟科技公司损失惨重，小伟公司要求小斌赔偿损失。

《中华人民共和国民法典》

第五百零一条 当事人在订立合同过程中知悉的商业秘密或者其他应当保密的信息，无论合同是否成立，不得泄露或者不正当地使用；泄露、不正当地使用该商业秘密或者信息，造成对方损失的，应当承担赔偿责任。

案例分析 ◢

小伟科技公司的发明在公开前作为商业秘密，能为公司带来可观收益。根据法律规定小斌在代理过程中负有保守秘密的义务，因其未尽到保密义务，违反诚信原则，给小伟公司造成了损失，应当承担赔偿责任。

启示感悟 ◢

保密义务，就是指负有的不得泄露在执业活动中知悉的国家秘密、商业秘密以及当事人的隐私的法律责任。正确履行保密义务既是职业操守，也是执业活动中必须遵循的最基本的法律义务。在未来的工作中，同学们一定要遵守职业道德，保守秘密，否则不但会影响自己的工作，更严重的可能会受到刑法的处罚。

案例 28 "标准"不能太随意！

小成同学去学校的一家打字复印部打印资料，双方没有约定打印的具体质量，但资料打印出来后，小成发现部分字迹模糊不清，无法辨认，因此小成拒绝支付相应的打印费。

法典规定

《中华人民共和国民法典》

第五百一十一条　当事人就有关合同内容约定不明确，依据前条规定仍不能确定的，适用下列规定：

（一）质量要求不明确的，按照强制性国家标准履行；没有强制性国家标准的，按照推荐性国家标准履行；没有推荐性国家标准的，按照行业标准履行；没有国家标准、行业标准的，按照通常标准或者符合合同目的的特定标准履行。

（二）价款或者报酬不明确的，按照订立合同时履行地的市场价格履行；依法应当执行政府定价或者政府指导价的，依照规定履行。

（三）履行地点不明确，给付货币的，在接受货币一方所在地履行；交付不动产的，在不动产所在地履行；其他标的，在履行义务一方所在地履行。

（四）履行期限不明确的，债务人可以随时履行，债权人也可以随时请求履行，但是应当给对方必要的准备时间。

（五）履行方式不明确的，按照有利于实现合同目的的方式履行。

（六）履行费用的负担不明确的，由履行义务一方负担；因债权人原因增加的履行费用，由债权人负担。

案例分析

小成打印资料，虽然双方没有约定打印的质量标准，但是根据打印资料的目的，打印出来的内容应清晰可见。然而，此次打印的资料有些字迹无法辨认，小成无法达到完整阅读资料的目的，所以小成可以拒绝支付相应的打印费或者要求打字复印部重新打印。

启示感悟

订立合同进行民事活动都是为了达到一定的目的，双方可以事先约定标准。没有约定的相对一方也应按照国家标准、行业标准或符合合同目的的特定标准履行义务，否则视为违约，应当依法承担违约责任。

案例 29　选择困难症，民法来治理

　　小志最近手头紧，想将自己收藏的两张邮票出售，售价均为1000元。小军向小志支付1000元后，小志和小军约定：小志一天后将其中一张邮票交付于小军。一天届满，由于小志很喜欢这两张邮票，并未做出选择，小军经过催告后又给予一天的期限。一天后，小志仍未做出选择，小军应该怎样维护自己的权益？

你什么时候能做出选择？！

《中华人民共和国民法典》

第五百一十五条 标的有多项而债务人只需履行其中一项的，债务人享有选择权；但是，法律另有规定、当事人另有约定或者另有交易习惯的除外。

享有选择权的当事人在约定期限内或者履行期限届满未作选择，经催告后在合理期限内仍未选择的，选择权转移至对方。

案例分析 ◢

小志被催告后在合理期限内仍然没有做出选择，根据民法典，此时选择权转移至小军。小军可以任意选择其中一张邮票作为此次买卖合同的标的物。

启示感悟 ◢

在进行民事买卖活动时，特别是如案例中面对心爱之物交易时，经常会遇到"选择困难症"，或许是其他客观原因（出卖人疾病）拖延了交易完成的时间，给当事人带来了很多困扰。选择权的转移（例：买卖合同中商品有很多项，达成买卖协议后，卖方只需要交付其中的一项，但是卖方没有在合理的时间内选择出到底卖哪一项，此时选择的权利转移到买方，买方可以任意选择一项成为本次交易的商品），有助于交易效率的提高，避免交易拖沓影响当事人的合法权益。

案例 30　一言既出，驷马难追

案情介绍

小涛在玩小明的手机时，不小心把手机掉到地上，手机屏幕摔坏，小涛需做出赔偿。小明在学校修理部修理手机后，约定由小涛向修理部支付修理款，结果小涛没有依约按期付款。

法典规定

《中华人民共和国民法典》

第五百二十二条　当事人约定由债务人向第三人履行债务，债务人未向第三人履行债务或者履行债务不符合约定的，应当向债权人承担违约责任。

法律规定或者当事人约定第三人可以直接请求债务人向其履行债务，第三人未在合理期限内明确拒绝，债务人未向第三人履行债务或者履行债务不符合约定的，第三人可以请求债务人承担违约责任；债务人对债权人的抗辩，可以向第三人主张。

第五百二十三条　当事人约定由第三人向债权人履行债务，第三人不履行债务或者履行债务不符合约定的，债务人应当向债权人承担违约责任。

案例分析

1.根据法条规定，小涛作为债务人，有赔偿义务，结果小涛没有按约定向修理部（第三人）支付修理款，违背了和小明之间的约定，所以小涛需要向小明承担违约责任。

2.在小明和修理部的修理合同中，小明作为债务人有支付修理费义务，修理部为债权人，双方约定由小涛（第三人）支付修理费，小涛没有依约按期付款，所以按照合同的相对性原则，小明要向修理部承担违约责任。

启示感悟

　　口头约定属于口头合同，合同双方应该根据约定的内容履行自己的义务。同学们在日常生活中如果经常违背自己的承诺，那么久而久之会影响自己的口碑。受到损失的同学可以主动找对方协商赔偿问题，也可以请老师介入调解，必要时选择"较真"走诉讼程序，用法律武器纠正对方的"不靠谱"行为。

案例 31 有争议？请找合同相对人

　　小海创办的科技公司与甲公司签订了空气净化器买卖合同，约定：净化器的净化效率应达到 98%，验收合格后付款。后甲公司经过小海科技公司同意将合同转让给乙公司。乙公司有关部门验收时，发现净化效率远未达到合同约定的标准，因此拒绝支付价款。

《中华人民共和国民法典》

第五百五十五条 当事人一方经对方同意，可以将自己在合同中的权利和义务一并转让给第三人。

案例分析

1.甲公司与小海科技公司签订合同后，经过小海科技公司同意，甲公司将合同权利与义务一并转让给了乙公司，此转让合同有效，乙公司成为新的合同当事人。若小海科技公司履行合同不符合约定，应当向乙公司承担违约责任，乙公司不能因为合同履行不合格而向甲公司主张违约责任。

2.由于交付的净化器远没有达到约定标准，导致合同目的不能实现，故构成根本违约，乙公司可以解除合同。

启示感悟

　　债权债务的转让制度，都是为了增强资金的流动性。债权转让改变了资金周期，可以在最短时间内实现资金变现。也就是说，当债权人急需流动资金时，可以通过出售其名下拥有的符合相应条件的债权给其他投资人，从而完成债权转让，获得流动资金。当事人将合同的权利义务转让给第三人后，第三人成为合同的当事人，在追究违约责任的时候，应该根据合同的相对性原则正确选择请求对象，快速处理纠纷。

案例32 讨好女友落了空

小聪同学为了表达对女友的爱意，准备在七夕节晚上送女朋友玫瑰花，于是在学校附近花店预订了一束，花店答应在七夕送到。结果，在七夕节玫瑰花并没有送到，小聪应该怎样维护自己的合法权利？

法典规定

《中华人民共和国民法典》

第五百六十三条 有下列情形之一的，当事人可以解除合同：

（一）因不可抗力致使不能实现合同目的；

（二）在履行期限届满前，当事人一方明确表示或者以自己的行为表明不履行主要债务；

（三）当事人一方迟延履行主要债务，经催告后在合理期限内仍未履行；

（四）当事人一方迟延履行债务或者有其他违约行为致使不能实现合同目的；

（五）法律规定的其他情形。

以持续履行的债务为内容的不定期合同，当事人可以随时解除合同，但是应当在合理期限之前通知对方。

案例分析

本案中，小聪买玫瑰花的主要目的是七夕节送给女朋友，而花店的延迟履行错过了七夕节，使小聪的目的无法实现，因此小聪可以解除合同并要求花店承担违约责任。

启示感悟

订立合同都是为了达到一定的目的，判断合同目的是否能实现，先要综合考虑，正确分辨出合同目的是什么。本案中七夕节给女友送玫瑰花是主要目的，这就需要花店不仅要送玫瑰花，而且要按约定在七夕节送到，错过时间节点就会导致合同的目的不能实现，花店应该承担相应的违约责任。

　　小军暑假期间在饭店兼职打工，应得工资 8000 元，饭店老板向小军出具 8000 元欠条后拒不支付。为维护自身合法权益，小军向法院提起诉讼，要求饭店支付所欠工资 8000 元并支付利息（利息按银行同期贷款市场利率计算至全部清偿之日），同时承担案件的诉讼费。此外，小军本来要用 8000 元买一只股票，而这只股票最近一直在涨，至少可以收入 2000 元，小军主张饭店也要赔偿这 2000 元损失。

《中华人民共和国民法典》

第五百八十四条 当事人一方不履行合同义务或者履行合同义务不符合约定，造成对方损失的，损失赔偿额应当相当于因违约所造成的损失，包括合同履行后可以获得的利益；但是，不得超过违约一方订立合同时预见到或者应当预见到的因违约可能造成的损失。

案例分析

1. 饭店老板所写欠条中未写明要支付利息，但是利息属于可以预见的损失。

2. 小军没买股票所遭受的损失，是饭店无法预见到的，也不是应当预见到的。所以饭店应支付小军8000元工资及利息，无须支付因没有买股票而损失的2000元。

启示感悟

在请求赔偿时，判断损失是否为违约方所预见，应以一般理性人标准为原则，同时以诚实信用原则为基础，以此判断自己的实际损失，避免请求的赔偿过多，得不到法院的支持。此外，现今劳动者工资的保障制度十分健全，如本案中遇到恶意拖欠工资的情况，小军可以先向劳动仲裁部门投诉，该部门在确认了相关情况后，能快速做出处理，在短时间内帮助小军拿回8000元工资及利息，节省时间成本。

案例 34　合同可解除，定金不能退

案情介绍

　　大学生小杰家庭条件比较优越，入学以来每逢一些大的网络购物活动，小杰都按照商家推出的促销活动，提前支付定金，以便在活动当天享受更大程度的优惠。有一次小杰因为花钱没有规划，在活动当天无法支付尾款，那么他能否要回定金？

《中华人民共和国民法典》

第五百八十七条 债务人履行债务的，定金应当抵作价款或者收回。给付定金的一方不履行债务或者履行债务不符合约定，致使不能实现合同目的的，无权请求返还定金；收受定金的一方不履行债务或者履行债务不符合约定，致使不能实现合同目的的，应当双倍返还定金。

案例分析

1. 定金是在合同订立或在履行之前支付的一定数额的金钱或替代物作为担保的担保方式。

2. 小杰在支付定金后，由于自身原因无法支付尾款，致使双方的买卖合同不能实现，因此小杰无权要回定金。

启示感悟

定金是合同当事人为了确保合同的履行而自愿约定的一种担保形式。广大在校学生应该把主要精力放在学习上，不要相互攀比吃穿，应合理规划好自己的生活费。虽然网络购物的活动很诱人，但是不要冲动消费，以免无法支付剩余价款而承担失去定金的风险。

案情介绍

小凯委托校外的花店给自己的女朋友送一束玫瑰花，约定要花朵盛开，以表达自己的爱意。小凯的女朋友接到花店的花后，认为玫瑰花花朵太大，保存时间会很短，应该是含苞待放的才对，拒绝接受此束玫瑰花。

我要的是花骨朵！不是已经开放的玫瑰！

《中华人民共和国民法典》

第六百二十四条 出卖人依照买受人的指示向第三人交付标的物，出卖人和买受人约定的检验标准与买受人和第三人约定的检验标准不一致的，以出卖人和买受人约定的检验标准为准。

案例分析 ◢

1. 小凯（买受人：买方）和花店（出卖人：卖方）约定为花朵盛开，但小凯的女朋友（第三人）认为送的花应当含苞待放。

2. 小凯未和女朋友约定玫瑰花的标准，花店以和小凯约定的标准给小凯女朋友送去玫瑰花，无任何过错。

启示感悟 ◢

出卖人和买受人是合同双方当事人，约定好检验标准后，应该按照该标准履行，不受其他人的干扰。此外，双方达成合意后，卖方可能已经开始备货，如果有第三人的介入，检验标准和开始约定的检验标准不一致，可能会不适当地增加出卖人的成本，因此，这样规定可以更好地保护出卖人的利益。

案例 36 解除合同需谨慎，主物从物要分清

　　小倩成绩优秀，获得了国家奖学金，她决定为家里买一台电视机。电视机送到家验货时小倩发现遥控器正常，屏幕有瑕疵，于是解除了此次买卖合同。后来小倩又买了一台电视机，验货时发现遥控器按钮失灵，于是又要求解除合同。

《中华人民共和国民法典》

第六百三十一条 因标的物的主物不符合约定而解除合同的，解除合同的效力及于从物。因标的物的从物不符合约定被解除的，解除的效力不及于主物。

案例分析 ◢

1.民法中按照物与物之间是否具有使用上的从属关系，将物分为主物与从物。主物是指独立存在并发挥主要效用的物，从物是指处于附属地位、起辅助和配合作用的物。很显然，本案中电视机是主物，遥控器是从物。

2.如果电视机屏幕有瑕疵，解除买卖合同，解除的效力及于电视机（主物）和遥控器（从物）；如果遥控器按钮失灵，而电视机功能正常，解除买卖合同，解除的效力只及于遥控器（从物），不及于电视机（主物）。所以，小倩第二次解除合同的要求不被支持。

启示感悟 ◢

主物的合同解除及于从物，通俗来讲，如果主物合同解除，那么从物合同也应随着一并解除，因为主物合同的解除导致无法实现合同目的，这样的解决方式可以保证双方的利益；从物的合同解除不及于主物，因为从物合同的解除不影响合同目的的实现，这样可以稳定交易秩序。

案例 37   一物有损坏，其他怎么办？

　　小雨在商店买了三个手机壳和一双运动鞋，回来后发现一个手机壳边缘有破损，一只运动鞋有开胶现象，小雨要求商店将三个手机壳和一双运动鞋全部退货。

《中华人民共和国民法典》

第六百三十二条 标的物为数物，其中一物不符合约定的，买受人可以就该物解除。但是，该物与他物分离使标的物的价值显受损害的，买受人可以就数物解除合同。

案例分析 ◢

1.一个手机壳有瑕疵并不影响其他两个手机壳的使用，小雨不应解除完好手机壳的合同，应只就有瑕疵手机壳解除合同。

2.一只运动鞋存在开胶现象，两只鞋的使用价值都明显受损，小雨可以就一双鞋直接解除合同。

启示感悟 ◢

　　合同全部还是部分解除，主要看交易目的是否能够实现，部分解除导致合同目的无法实现，可以解除全部合同；部分解除不影响其他标的物的使用价值，可以只就此部分解除合同。我们以此来确定合同解除的范围，可以保护并促进交易。

案例 38　交付标的物，一刻不马虎

案情介绍

（1）小良在校外水果店买了 5 斤皇帝柑，约定每天配送一斤，其中有一斤皇帝柑有变质现象，小良要求解除合同。

（2）小良和爱慕对象小娟约定，如果连续 99 天小良每天送小娟一朵玫瑰花，小娟就当小良的女朋友。小良和校外花店约定，连续 99 天每天送一朵，结果某天花店忘记送花，小良要求解除合同。

（3）小良在网上配置台式电脑，由于主机需要装配，外设需要调货，所以显示器、主机和外设分批发货交付。收到主机后发现其配件均不是当时指定的品牌，使用性能大打折扣，小良要求解除合同。

法典规定

《中华人民共和国民法典》

第六百三十三条　出卖人分批交付标的物的，出卖人对其中一批标的物不交付或者交付不符合约定，致使该批标的物不能实现合同目的的，买受人可以就该批标的物解除。

出卖人不交付其中一批标的物或者交付不符合约定，致使之后其他各批标的物的交付不能实现合同目的的，买受人可以就该批以及之后其他各批标的物解除。

买受人如果就其中一批标的物解除，该批标的物与其他各批标的物相互依存的，可以就已经交付和未交付的各批标的物解除。

案例分析

1.一斤皇帝柑变质，并不影响其他皇帝柑的食用，所以小良可以就这一斤皇帝柑解除合同。

2.花店忘记送花，打破了连续99天送花的约定，再接着送就没有意义，小良可以解除之后所有没有送的花的合同。

3.显示器、主机、外设是相互依存、缺一不可的，主机不符合合同约定，很难实现好的使用目的，小良可以解除所有的已交付的（显示器、主机）和未交付的（外设）合同。

启示感悟

签订买卖合同都是有一定的目的，对于分批交付的标的物，要把有瑕疵的批次在整个合同中进行对比，分析是否影响其他批次标的物的使用价值以及合同目的是否能达成，如果合同目的无法实现，履行合同显然就失去了意义，所以可以根据现实情况合理地解除部分或全部合同。

案例 39　付款可分期，诚信不折价

　　小峰以 2000 元的价格将自己的电脑卖给小林，约定小林分十期支付价款，每期 200 元。此后，小林只支付了五期，现在尚未支付的五期有两期已经到期，经小峰催告后在合理期限内小林仍拒不支付，小峰应该怎样维护自己的合法权益？

《中华人民共和国民法典》

第六百三十四条 分期付款的买受人未支付到期价款的数额达到全部价款的五分之一，经催告后在合理期限内仍未支付到期价款的，出卖人可以请求买受人支付全部价款或者解除合同。

出卖人解除合同的，可以向买受人请求支付该标的物的使用费。

案例分析 ◢

小林支付了五期价款，有到期的两期未支付，拖欠数额达到全部价款的五分之一，且经催告后在合理期限内仍拒不支付，因此小峰可以请求小林一次性支付剩余的价款 1000 元，也可以解除买卖合同，收回电脑，将已支付货款扣除使用费后返还给小林。

启示感悟 ◢

最常见的分期付款合同为商品房的买卖，但随着电子商务的兴起，很多网上购物也提供了分期付款。我们在面对价格较高的商品时，往往会选择分期付款的方式来分担支付压力，但是分期付款会产生比较高的利息。在大学校园有很多同学都喜欢分期购买电子设备，其中不乏有同学无法支付月供，给自己带来损失。对于学生来说，要理性消费，不要追求超过自己经济承受范围的商品，适合自己的才是最好的。

案例 40 电池起火谁的错？

　　小亮非常喜欢一款新上市的手机，正好学校门口的手机专卖店有该款手机的试用样品机，小亮试用后非常满意，便买了一款和样机同型号的手机。之后，小亮在宿舍给手机充电时，手机起火，引起火灾，造成很大的损失。后来证明起火原因是该型号手机电池存在设计缺陷。

《中华人民共和国民法典》

第六百三十六条 凭样品买卖的买受人不知道样品有隐蔽瑕疵的，即使交付的标的物与样品相同，出卖人交付的标的物的质量仍然应当符合同种物的通常标准。

案例分析 ◢

1. 小亮对样品机非常满意，凭借样品机购买了同型号手机一部，但是该型号手机存在电池设计缺陷，有很大的危险性，即使与样品相同，也应该保证该款手机使用时能达到此类产品的通常安全标准。

2. 小亮给手机充电引起火灾造成损失，是由于手机电池设计缺陷造成的。手机销售商在本案中提供了不合格产品既有违约责任也侵害了小亮的财产权益，构成了违约责任和侵权责任的竞合，小亮可以择一请求手机销售商承担责任。

启示感悟 ◢

随着科技的发展，我们日常使用的有些产品的瑕疵在销售之前并不能完全发现和排除，对于这些隐蔽瑕疵，企业负有不可推卸的责任。此时产品召回制度是很好的救济方式，企业应该及时召回有瑕疵的产品并积极赔偿因瑕疵对消费者造成的损失。消费者对赔偿结果不满意可向人民法院提起诉讼，捍卫自己的合法权益。

案例41 突然把电断，损失谁来担？

案情介绍

大四学生小龙为了准备考研，每天都用电脑整理学习资料，并在网上学习专业课程。一天，在未接到任何通知的情况下，家中突然断电，导致小龙的电脑主机受损，存储的学习资料也一并丢失。后经了解，原来是辖区内电力公司为了修理供电设备而中止供电。小龙为此事十分苦恼，自己的损失谁来赔偿呢？

法典规定

《中华人民共和国民法典》

第六百五十二条 供电人因供电设施计划检修、临时检修、依法限电或者用电人违法用电等原因，需要中断供电时，应当按照国家有关规定事先通知用电人；未事先通知用电人中断供电，造成用电人损失的，应当承担赔偿责任。

1. 家用电器的运行安全是保障居家生活的基本要求，对于一些大功率或者较为精密的电器而言，突然停电可能会造成电器损毁或者数据丢失，从而造成不小的经济损失。因此民法典中明确规定了供电人如果因某些原因需要临时中断供电的，有提前通知用电人的义务（提前的时长最少 24 小时）。

2. 小龙的遭遇正是因为供电公司没有履行提前通知的义务，使得小龙的电脑受损，造成了损失。因此根据民法典的规定，小龙可以要求供电公司赔偿自己的损失。

启示感悟

在日常生活中，我们也会遇到突然停电的现象，无论是夏日的停电让我们饱受炙热的折磨，还是夜晚的停电让我们忍受漫长的黑夜，如此经历都让人抓狂。因此民法典的相关规定可以说为我们的正常用电提供了根本的保障，用法律的威严守护万家灯火、冬暖夏凉。在日常生活中，我们应当及时留意社区内张贴的停电通知，避免因突然停电造成电器的损坏。同时，如果没有接到相关通知而遭遇了突然停电，造成了损失，应当及时向所辖区的供电公司询问原因，查明情况。如果有证据表明确实因供电公司工作失误导致突然停电的，可以要求供电公司就相关损失赔偿。如果供电公司拒绝赔偿，则可以向所辖区的人民法院提起诉讼，维护自身合法权益。

案例42　暖气，我劝你善良！

案情介绍

寒假期间，大学生小阳本应该在暖气环绕的房间里，舒适地度过这个寒冷的冬天。可是家中的暖气却在这最寒冷的日子里没有发挥出应有的作用，不仅温度不够高，而且有时甚至直接停止，房间里的气温与前几年相比相差甚大。在向供暖公司几次反映无果后，小阳感到十分苦恼。暖气，真的只是"保量不保质"吗？

法典规定

《中华人民共和国民法典》

第六百五十一条　供电人应当按照国家规定的供电质量标准和约定安全供电。供电人未按照国家规定的供电质量标准和约定安全供电，造成用电人损失的，应当承担赔偿责任。

第六百五十六条　供用水、供用气、供用热力合同，参照适用供用电合同的相关规定。

1. 本案中所反映的暖气不热、供暖效果不好的问题，民法典中明确规定了供暖人应当按照国家规定的标准进行供暖，根据国家规定，各个地市都有关于冬季供暖的具体标准和适用条例。供暖不是供了就行。

2. 小阳可以向市政管理部门反映问题，如果问题迟迟得不到解决，可以选择通过诉讼的方式维护自身合法权益。

启示感悟

在北方漫长而寒冷的冬季里，暖气的重要性不言而喻。"暖气不热""暖气总是停"等问题不时地困扰着人们，小阳的遭遇正是如此。可是大多时候人们却不知道如何维护自身权益，只得默默忍受着寒冷的侵袭。随着民法典的颁布实施，以及供用水、电、气、热力等合同中相关规定的完善，大家如果在生活中遇到同样的问题，应当及时向物业管理公司反映情况，如果物业管理公司无法解决，可以直接向所在辖区的供暖公司投诉来解决问题。如果供暖公司无法真正解决问题，迟迟达不到供暖效果，便可以就相关问题向辖区法院提起诉讼。通过诉讼方式解决问题时，要注意保留证据，可以通过与供暖公司协商，由供暖公司测量供暖期间室内温度，或者自行委托测量单位进行测量并予以公证等方式来向法院提供真实有效的证据（自行测量的温度记录、提交的因暖气不热而受冻生病的医院诊断证明或搬家的租房合同等证据都难以被法院采纳），以此来维护自身合法权益。

案例43 答应送给我的东西能反悔吗？

2020 年夏天，小奎通过自己三年的努力拼搏考上了重点大学。全家人无不对这个消息欢呼雀跃，其中小奎的舅舅更是当面说要把新买的那台笔记本电脑送给小奎作为奖励。可是当小奎要离家上学时，舅舅却以各种理由推脱。小奎很是郁闷，他认为：既然民法上都承认赠与合同，舅舅就应该把电脑送给他。

《中华人民共和国民法典》

第六百五十八条 赠与人在赠与财产的权利转移之前可以撤销赠与。

经过公正的赠与合同或者依法不得撤销的具有救灾、扶贫、助残等公益、道德义务性质的赠与合同，不适用前款规定。

案例分析 ◢

1. 小奎把赠与合同和常见的商业性质的合同混淆了。舅舅和小奎虽然达成了赠与合同，但不一定必须履行。

2. 小奎的舅舅还没有把笔记本电脑送给小奎，也就是说赠与财产的权利还未转移，而且该赠与合同也不是经过公证或依法不得撤销的赠与合同，那么小奎舅舅可以撤销赠与。

启示感悟 ◢

"赠人玫瑰，手有余香"，赠与作为一种充满人情关怀的行为，是拉近人与人关系、营造和谐友爱的社会氛围的重要方式，也是自古以来为人称赞的传统美德。民法典用赋予赠与人任意撤销权的方式来体现赠与行为无偿和自愿的特点，但同时民法典也规定了这种权利的行使范围，那就是必须在赠与的财产没有转移之前才能撤回，这样的规定是对受赠人权利的保护，让受赠人不会受到赠与人的控制，让赠与行为即使在看似缺乏人情的法律条文中依然闪烁着温暖的光辉。

案例44 远离"校园贷"，青春不欠债

案情介绍

在校大学生小帅想买一部新款手机，由于手机价格过高无力购买，遂向金融贷款公司申请贷款。但小帅未及时向金融贷款公司还款，经公司多次催告，他仍未还款，于是该公司向法院起诉，要求小帅偿还债务并支付相应的利息，小帅拒绝出庭并声称：国家在打击高利贷、非法放贷，而该公司就是非法放贷，所以他借的钱根本不用还。那么，小帅与金融贷款公司的合同属于高利贷或者非法放贷吗？小帅是否有理由拒不返还借款？

法典规定

《中华人民共和国民法典》

第六百八十条 禁止高利放贷，借款的利率不得违反国家有关

规定。

借款合同对支付利息没有约定的，视为没有利息。

借款合同对支付利息约定不明确，当事人不能达成补充协议的，按照当地或者当事人的交易方式、交易习惯、市场利率等因素确定利息；自然人之间借款的，视为没有利息。

案例分析

1. 民法典明确规定国家禁止高利放贷，借款的利率不得违反国家有关规定。参照 2020 年 8 月《最高人民法院关于审理民间借贷案件适用法律若干问题的规定》："民间借贷利率的司法保护上限以一年期贷款市场报价利率（LPR）的 4 倍为标准"，8 月 LPR 为 3.85%，也就是说年息超过 15.4% 就是高利贷了。如果案例中金融贷款公司与小帅约定的年利率未超过 15.4%，那么属于合法借贷；如果年利率超过了 15.4%，那么属于非法借贷。

2. 无论是合法借贷还是非法借贷，刨去利息而言，本金都是要还的。所以小帅并无任何理由不返还借款。

启示感悟

大学生应该正确认识金融贷款公司，掌握基本的金融知识，消除懵懂的借贷心理，理性借贷，不要被一时的享乐冲昏头脑。另外，我们借款一定要按照法律的规定，将借款的内容和合同进行保存，作为我们借款的凭证，以防日后所需。同时，作为借款人，我们也要按照法律规定或合同内容约定及时返还贷款并支付合理的利息。

案例45 为"快乐"买单，岂能一卸了之！

在校大学生小智家庭富裕。某日，小智开通了某网上消费信贷产品，惊喜地发现自己消费额度很高，有5000元，于是小智开始使用该产品疯狂消费。临近还款日，小智有偿还能力，但他并不想偿还，遂将该产品APP卸载，以此来逃避还款。在此之后，该消费信贷公司多次以短信和电话方式催促小智还款，小智都视而不见。他认为只要卸载该产品APP，就可以不用再还款。小智能逃避该还款吗？

法典规定

《中华人民共和国民法典》

第六百七十五条　借款人应当按照约定的期限返还借款。对借款期限没有约定或者约定不明确，依据本法第五百一十条的规定仍不能确定的，借款人可以随时返还；贷款人可以催告借款人在合理期限内返还。

第六百七十六条　借款人未按照约定的期限返还借款的，应当按照约定或者国家有关规定支付逾期利息。

案例分析

1. 自小智使用该网上消费信贷产品那一刻起，就意味着小智与该产品公司签订了借款合同。该公司作为贷款人给小智提供了一定的消费额度，而小智具有及时偿还借款的义务和逾期不还借款而支付相应逾期利息的义务。

2. 小智没有履行作为借款人的义务，意图通过卸载 APP 来逃避偿还，这是行不通的。小智的行为会使自己的信用下降并产生相应的逾期罚息，同时，小智还会成为失信被执行人。如果小智仍恶意不还，该公司可以将小智起诉至法院，要求小智偿还借款并支付一定的逾期罚息以及合理的利息。

启示感悟

网上消费信贷已经成为我们经常使用的一种消费方式，它在本质上是一种简单且方便的借款。而我们作为借款人具有及时偿还借款的义务和逾期不还而支付相应逾期利息的义务。我们应该遵守借款协议的还款日，及时向贷款方还款。同时，我们应该树立合理的消费观念，勤俭节约，理性消费。

案例46 转租那些事儿

案情介绍

大学生小迪是一个摄影爱好者，为了参加学校社团组织的摄影比赛，便去某摄像器材商店租用了一部高档相机，租期为两个月。但是，由于课程调整，小迪无法正常参加比赛，考虑到租金已付，于是他又将相机转租给了自己的朋友小佳。两个月后，小迪要求小佳归还相机，

可小佳却以各种理由推脱，迟迟不还。后来小迪才得知，原来小佳在一次外出游玩时不慎将相机遗失，无法归还。租期到期，商家要求小迪赔偿相机丢失的损失，并拒绝向小佳要求赔偿。而小迪认为明明是小佳将相机遗失，所以商家应当向小佳索赔。

法典规定

《中华人民共和国民法典》

第七百一十六条 承租人经出租人同意，可以将租赁物转租给第三人。承租人转租的，承租人和出租人之间的租赁合同继续有效；

103

第三人造成租赁物损失的，承租人应当赔偿损失。

承租人未经出租人同意转租的。出租人可以解除合同。

案例分析

1. 小迪租赁相机的行为已经实质上与商店形成了租赁合同关系，因此小迪有义务保证相机的完好。尽管相机实质上为小佳所保管，但是因为小迪与商店的租赁合同仍然存在，所以在相机丢失后，商店自然只要求小迪赔偿损失。

2. 根据民法典的规定，小迪有义务向商店赔偿损失，同时小迪在赔偿损失后也有权利向小佳追偿。

启示感悟

转租有利于促进资源流通，提高特定物的使用效率，所以民法典支持转租这一特殊的租赁形式。但为了保障出租人的利益，民法典明确规定了：因为第三人的原因造成租赁物损失的，即使承租人对于损失不承担直接责任，也应当赔偿损失。这些看似对承租人有些"苛刻"的规定，实质上正是维护合同、保护当事人权益这一功能的具体表现。在日常生活中，如果我们需要转租物品或者房屋，一定要明确了解第三人的基本信息，确保其不会造成租赁物的损坏或者有能力赔偿租赁物损坏的损失，在必要情况下，可以要求接受转租的人通过押金的形式为转租物提供担保，以此来保证一旦转租物遭到毁损、灭失等情况时可以通过押金来弥补自身损失。只有提高依法保护自身权益的认识，才能真正保护自身经济利益。

案例 47 新房东的"逐客令"

小超为了营造一个安静的环境专心考研，选择在学校附近的小区租一套单元房，租期为一年。半年后的一天小超正在房间安心学习，突然有人上门"造访"，自称是这套房子的主人，并拿出了房屋产权证书，要求小超尽快搬走。原来，原房东在一个月前将这套房子卖给了小华，并且未通知小超。小超面对新房东小华的"逐客令"，很是苦恼，他应该怎么办？

法典规定

《中华人民共和国民法典》

第七百二十五条 租赁物在承租人按照租赁合同占有期限内发生所有权变动的，不影响租赁合同的效力。

第七百二十六条 出租人出卖租赁房屋的，应当在出卖之前的合理期限内通知承租人，承租人享有以同等条件优先购买的权利；但是，房屋按份共有人行使优先购买权或者出租人将房屋出卖给近亲属的除外。

出租人履行通知义务后，承租人在十五日内未明确表示购买的，视为承租人放弃优先购买权。

第七百二十八条　出租人未通知承租人或者有其他妨害承租人行使优先购买权情形的，承租人可以请求出租人承担赔偿责任。但是，出租人与第三人订立的房屋买卖合同的效力不受影响。

案例分析

1.小超与原房东订立了房屋租赁合同，在租期内，即使原房东将房屋出售，新房东也不能因为自己是房屋的新主人而无条件地将小超赶走。

2.小超作为房屋的承租人，享有赔偿请求权和优先购买权。所以无论从哪个角度说，原房东在未通知小超的情况下将房屋出售，都侵犯了小超的合法权益。

启示感悟

民法典"买卖不破租赁"的原则对于租赁问题，特别是房屋租赁问题有着重要意义，这一原则从根本上保护了承租人的合法权益，消解了承租人的后顾之忧。在日常生活中，如果我们也遇到了这种问题，一定不要退缩，新房东的"逐客令"因为你的合同的存在，只能是一纸空文！

案例48 公交车上受伤害，孰是孰非？

　　小鹏为某高校一名大学生，周末，他像往常一样乘坐公交车回家（小鹏已按照规定购票），该公交车属于某客运公司所有。当该车行至一路口时公交车司机在制动过程中急刹车致使小鹏摔伤，当即被送至医院住院治疗，经诊断发现小鹏肋骨多处骨折。一个月后，该市公安交通管理局对小鹏的损伤程度进行了鉴定，结论为十级伤残。因此，小鹏向法院起诉公交车所属的客运公司，要求其赔偿医疗费和精神损失费。

法典规定

《中华人民共和国民法典》

　　第八百一十四条 客运合同自承运人向旅客出具客票时成立，但是当事人另有约定或者另有交易习惯的除外。

第八百一十九条　承运人应当严格履行安全运输义务，及时告知旅客安全运输应当注意的事项。旅客对承运人为安全运输所作的合理安排应当积极协助和配合。

第八百二十三条　承运人应当对运输过程中旅客的伤亡承担赔偿责任；但是，伤亡是旅客自身健康原因造成的或者承运人证明伤亡是旅客故意、重大过失造成的除外。

前款规定适用于按照规定免票、持优待票或者经承运人许可搭乘的无票旅客。

案例分析

1.小鹏是持票乘车的，所以小鹏与公交车所属的客运公司形成了客运合同关系，客运公司作为承运人有将小鹏安全送达约定地点的义务。但由于公交车在行驶过程中急刹车，致使乘客小鹏受伤，并未安全、及时将小鹏送达目的地，这属于违约行为，因此，客运公司应承担违约责任，对小鹏的损伤承担赔偿责任。

2.小鹏的损伤符合十级伤残，给其造成了一定程度的精神痛苦，故客运公司应给付小鹏一定的精神损害抚慰金。

启示感悟

我们在外出乘坐交通工具时，一定要按照有关规定购票，购票后我们便与客运公司形成了客运合同关系，若是网上购票，我们要将电子票和购票的支付凭证进行保留。当我们所选择乘坐的交通工具在行驶过程中发生意外事故时，购票凭证将会是我们要求客运公司进行赔偿的最有力的证据。

案例 49　救助，本分也

案情介绍

　　大学生小启周末乘坐出租车外出，在出租车行驶过程中，小启与出租车司机因所走道路不同发生了争吵，小启认为司机故意绕道，而出租车司机坚持认为这是最近的路，二人争吵不休，小启十分生气，情绪过于激动，血压升高，需要救治。司机见状后，并未及时将小启送至医院，而是将其放在人行道旁，然后疾驰而去。路人小琛看见小启后，便将小启及时送至医院。经过治疗，小启康复出院，之后他向法院起诉该出租车公司，要求其承担违约责任。

法典规定

《中华人民共和国民法典》

　　第八百二十二条　承运人在运输过程中，应当尽力救助患有急病、分娩、遇险的旅客。

109

1. 当小启乘坐出租车那刻起，小启便与出租车所属公司形成了一种客运合同关系。该出租车公司并未将小启安全送达目的地，出租车司机并没有履行客运合同中承运人应履行的义务，所以小启有正当理由要求其承担违约责任。

2. 小启发病后出租车司机没有将小启及时送至医院，司机在运输过程中没有尽到全力救助患病旅客的义务，使小启的生命健康权受到了损害，所以小启也有正当理由要求出租车司机承担侵权责任。

启示感悟

在我们外出时，无论乘坐何种交通工具，交通工具负责人都有义务救助患病、分娩、遇险的旅客，这是承运人应尽的安全义务。另外，我们也要积极配合交通工具负责人的工作，遇到危险时不要慌张，听从交通工具负责人指挥，有序地从交通工具上进行撤离。同时，患有疾病的旅客可以事先告知交通工具负责人，让其对疾病发生情况有一定的准备措施，避免因交通工具负责人准备不足而使自身健康受到损害。在此类旅客受伤案件中承运人一般都会涉及违约责任和侵权责任的竞合，所以在旅客要求承运人赔偿时既可以选择要求其承担违约责任也可以要求其承担侵权责任，但两种责任只能任选一种来要求赔偿。

案例 50   照价赔偿不容易！

某高校大学生小飞在某电脑城买了一台价值 8000 元的电脑，委托某物流公司将电脑送回学校。在填写货物运送单时，粗心的小飞既没写清货物名称、数量和价值，也没有对货物进行保价。后来，电脑在运输时不慎丢失，而物流公司只答应赔付运费的 10 倍即 200 元。小飞遂将物流公司起诉至法院要求赔偿电脑。

《中华人民共和国民法典》

第八百二十五条　托运人办理货物运输，应当向承运人准确表明收货人的姓名、名称或者凭指示的收货人，货物的名称、性质、重量、数量，收货地点等有关货物运输的必要情况。

因托运人申报不实或者遗漏重要情况，造成承运人损失的，托运人应当承担赔偿责任。

案例分析

小飞要求物流公司赔偿其丢失的价值8000元的电脑，但由于小飞在填写货物运送单时既未写清货物名称、数量和价值，也没有对其进行保价，所以法院无法确定其货物损失的实际价值，也无法证明收货单上列举的货物与小飞所交付物流公司托运的货物相一致。因此，小飞的主张不会被认定，法院仅会判决物流公司对小飞进行运费的10倍赔付，即200元。

启示感悟

我们日常寄送物品时，应该选择证照齐全、经营规范、信誉良好的物流公司。货物托运前，要看清托运协议中的服务条款，对内容显失公平的条款应拒绝接受。托运贵重物品要仔细填写货品名称、数量和价值以及收件人的信息，尤其要根据货物实际价值签订等额保险合同进行保价，明确违约责任。在货物托运前和货物送到后，均要在现场开箱查验。一定注意：索要和保管好发票、收据等凭证，以便出现问题后获得合理赔偿。

案例51 按期取货好习惯，逾期赔偿太麻烦

小凡买了两箱柑橘通过物流公司寄给家人，要求物流公司两日内送达家人所在地。该公司准时打电话通知小凡家人即将配送货物。而小凡家人临时有事，告知物流公司四天后送货。物流公司四天后将货物送达，但小凡家人在查验货物时发现柑橘变质，遂要求物流公司赔偿，物流公司称自己四天前就准备配送货物，是应小凡家人的要求推迟送货的，因此，自己并无责任。

法典规定

《中华人民共和国民法典》

第八百一十一条 承运人应当在约定期限或者合理期限内将旅客、货物安全运输到约定地点。

第八百三十条 货物运输到达后，承运人知道收货人的，应当及时通知收货人，收货人应当及时提货。收货人逾期提货的，应当向承运人支付保管费等费用。

第八百三十一条 收货人提货时应当按照约定的期限检验货物。对检验货物的期限没有约定或者约定不明确，依据本法第五百一十条的规定仍不能确定的，应当在合理期限内检验货物。收货人在约定的期限或者合理期限内对货物的数量、毁损等未提出异议的，视为承运人已经按照运输单证的记载交付的初步证据。

案例分析

1. 物流公司按照与小凡约定的期限将柑橘送达目的地，并及时通知小凡家人，履行了作为承运人的义务。

2. 柑橘变质是由于小凡家人要求物流公司推迟配送造成的，并不是物流公司自身逾期送货造成的，所以物流公司并无责任。

启示感悟

我们日常寄送特殊物品时，一定要与物流公司事先约定送货期限，保证所寄物品在合理期限内完好地送达。作为收货人，当物流公司通知其即将送货时，应提前做好收货准备，因突发状况要求更改配送时间时要询问物流公司所配送货物为何物，是否为保鲜物品或冷藏物品，并要求物流公司对货物进行特殊保管，以免造成损失。同时，在逾期取货或要求物流公司晚几日配送时，物流公司要求支付相应保管费用也是合理的。

案例 52　自助寄存，责任自负

小辉在超市购物，并使用该超市的自助寄存柜寄存所携带的电脑。购物结束后，小辉持密码条取物时发现电脑丢失，遂找超市进行赔偿协商。超市认为小辉使用超市的自助寄存柜使双方之间构成了一种无偿使用关系，另外，寄存柜本身无损坏，且超市贴有"本超市自助寄存物品，责任自负""贵重物品不得寄存"的提示，因此，超市并无过错。小辉不同意超市的说法，遂将超市起诉至法院。

法典规定

《中华人民共和国民法典》

第八百八十八条　保管合同是保管人保管寄存人交付的保管物，并返还该物的合同。

寄存人到保管人处从事购物、就餐、住宿等活动，将物品存放在指定场所的，视为保管，但是当事人另有约定或者另有交易习惯的除外。

第八百九十八条 寄存人寄存货币、有价证券或者其他贵重物品的，应当向保管人声明，由保管人验收或者封存；寄存人未声明的，该物品毁损、灭失后，保管人可以按照一般物品予以赔偿。

案例分析

1. 使用自助寄存柜的寄存人并没有向超市交付保管物，所以自助寄存不具备保管合同成立的要件。

2. 超市贴有"本超市自助寄存物品，责任自负"和"贵重物品不得寄存"的提示，且小辉无法证明电脑丢失是自助寄存柜质量瑕疵所致，故小辉不能要求超市承担相应责任，只能自负损失。

启示感悟

我们在超市购物使用自助寄存柜是一种借用储物空位的行为，并不是一种保管行为，因此，超市并无义务来为我们保管物品，因自助寄存柜损坏而导致物品丢失的除外。因此，不要将贵重物品放进自助寄存柜。我们寄存贵重物品时，一定要向保管人声明所寄存为何物，然后由保管人验收或者封存。如若我们寄存时未声明，该物品毁损、灭失后，保管人仅会按照一般物品予以赔偿。

案例53 "无偿"并非"无责"

小高为计算机专业的大学生，寒假离校回家，请求本专业的本地同学小南保管自己的电脑和绿植，并告知了小南绿植的照顾方法。小南接受了小高的请求，将小高的电脑和绿植带回了家。他将小高的电脑放在自家的仓库，但由于仓库潮湿阴冷且电脑长时间不使用，电脑出现了问题。小北喜欢小高的绿植，请求小南将绿植交给他照顾，小南同意了，遂将绿植交给小北但未告知绿植的照顾方法。由于小北照顾不善，绿植死亡。开学后，小高发现自己的电脑受损，绿植死亡，遂要求小南赔偿其损失。小南称自己是无偿保管，不应该承担责任。

这能怪我吗？

法典规定

《中华人民共和国民法典》

第八百八十九条　寄存人应当按照约定向保管人支付保管费。当事人对保管费没有约定或者约定不明确，依据本法第五百一十条的规定仍不能确定的，视为无偿保管。

第八百九十四条 保管人不得将保管物转交第三人保管，但是当事人另有约定的除外。

保管人违反前款规定，将保管物转交第三人保管，造成保管物损失的，应当承担赔偿责任。

案例分析

1. 小南保管小高的电脑和绿植并未收取相应保管费用，属于无偿保管合同。

2. 虽然小南对小高的电脑尽到了一般保管的义务，但小高电脑的损失是由小南的重大过失造成的，小南作为计算机专业的学生，应当清楚电脑不能置于阴冷潮湿处，因此，小南应当赔偿小高电脑的损失。

3. 小南未向小高申请便将绿植转交小北保管，应当承担绿植死亡的责任。

启示感悟

我们作为保管人无偿保管他人物品时，一定要尽到相应的义务，若因我们的重大过失使保管物受损，我们应该承担相应的责任；不能随意将保管物转交给第三人保管，在转交前一定要和寄存人商量。我们请求他人保管物品时，一定要将所应采取的保管措施及有关情况告知保管人，以避免物品因保管不善而受到损失。

案情介绍

大学生小丹毕业后与小刚合伙开了一家某品牌奶茶店。奶茶店的加盟费、押金以及相应设备大部分由小刚出资，小丹仅出资了所需费用的一部分，且小丹与小刚未签订合伙协议。该店由小丹与小刚共同管理，小刚负责饮品的制作和售卖，小丹负责账目。后来，小丹与小刚在利润分配上产生纠纷，小丹认为自己是奶茶店的合伙人，应分一半利润，而小刚认为小丹只是奶茶店的会计，只须支付工资，小丹的出资仅是自己向小丹的借款。小丹不同意小刚的说法。

法典规定

《中华人民共和国民法典》

第九百七十二条　合伙的利润分配和亏损分担，按照合伙合同

119

的约定办理；合伙合同没有约定或者约定不明确的，由合伙人协商决定；协商不成的，由合伙人按照实缴出资比例分配、分担；无法确定出资比例的，由合伙人平均分配、分担。

案例分析

1. 小丹主张自己与小刚是合伙关系，但未能提供书面合伙协议，倘若不能证明其与小刚是合伙关系，小丹的出资只能认定为其对小刚的借款。

2. 倘若证明了小丹与小刚是合伙关系，在利润分配上应按照双方之前约定办理，没有约定或者约定不明确的，由双方协商决定；协商不成的，按照双方实缴出资比例分配、分担；无法确定出资比例的，由双方平均分配、分担。

启示感悟

我们毕业后若与他人合伙创业，一定要按照规定签订书面的合伙协议。如果未签订书面合同，双方就是否是合伙关系发生纠纷时，主张是合伙关系的当事人对合伙事实负有举证责任，在无其他证据能够证明双方是合伙关系的情况下，当事人应提供至少两名无利害关系的证人对双方协商合伙的过程、投资比例、如何合伙经营、如何分配利润共担风险等具体内容进行证明，无法证明的则应承担不利后果。

案例 55　单干诚可贵，诚信价更高

某高校大学生小花毕业后与同学小红合伙开了一家餐厅，小花以其独特的厨师手艺入伙，与小红约定合伙期限为五年。但小花在餐厅经营至第三年时，想要离开餐厅自己单干，于是小花在未征得小红同意的情况下单方退伙。小花的退伙让餐厅失去了主厨，餐厅在小红独自经营两月后被迫停业。小红遂向小花要求赔偿相应损失。

法典规定

《中华人民共和国民法典》

第九百七十六条　合伙人对合伙期限没有约定或者约定不明确，依据本法第五百一十条的规定仍不能确定的，视为不定期合伙。

合伙期限届满，合伙人继续执行合伙事务，其他合伙人没有提出异议的，原合伙合同继续有效，但是合伙期限为不定期。

合伙人可以随时解除不定期合伙合同，但是应当在合理期限之前通知其他合伙人。

1. 小花与小红合伙时已约定了相应的合伙期限，属于定期合伙。小花因自身原因擅自退伙，并非小红的原因所致，而且小花在退伙前并未告知小红，从而导致餐厅无法经营，因此，小花应向小红赔偿因其退伙造成的损失。

2. 小花与小红的合伙合同未到期，小红可以主张小花赔偿其剩余两年合伙期间经营的可得利益损失。

启示感悟

　　我们在与他人约定合伙期限时，无正当理由不能擅自退伙。合伙人退伙，书面协议有约定的，按照书面协议处理；书面协议未约定的，原则上应当予以准许。因合伙人退伙给其他合伙人造成损失的，应当考虑退伙的原因以及双方当事人是否有过错等情况，确定其应当承担的赔偿责任。在协议约定的合伙期限内，合伙人未经其他合伙人同意，无理由擅自退伙，给其他合伙人造成损失的，应进行赔偿，但该部分损失仅限于可得利益。若我们与他人的合伙是不定期合伙，我们可以随时解除不定期合伙合同，但是应当在合理期限之前通知其他合伙人。

第四编

人 格 权

导语

　　人格权是民事主体享有的生命权、身体权、健康权、姓名权、名称权、肖像权、名誉权、荣誉权、隐私权等权利。人格权独立成编是民法典的一大亮点，也是一项重大的制度创新。其不仅使民法典能够鲜明地体现尊重人格尊严和保护人格权的人文主义立场，而且紧跟时代发展和科技进步的需求，实现了党中央提出的"保护人民人身权、财产权、人格权"的要求。

　　作为新时代的大学生，我们一定要树立人格权保护意识，对于有损人格权的语言和行为，要坚决地举起法律武器进行维权。因此，了解民法典人格权编的相关规定，对于大学生来说意义重大。

案例 56　人格标志许可使用

大学生小柯爱好电子科技，凭借其具有新颖性、实用性的发明创造，获得过多次电子科技比赛冠军，在电子发烧友圈小有名气。某电子发烧友论坛在未经过小柯许可的情况下，擅自售卖小柯牌电烙铁。小柯发现后立即联系该论坛，要求其支付一定费用。

在多次协商未果后，小柯一纸诉状将该论坛起诉至人民法院，请求其停止侵权、赔偿损失并赔礼道歉。最终法院判决，要求该论坛停止侵权行为，赔偿小柯两万余元损失并赔礼道歉。

法典规定

《中华人民共和国民法典》

第九百九十条　人格权是民事主体享有的生命权、身体权、健康权、姓名权、名称权、肖像权、名誉权、荣誉权、隐私权等权利。

除前款规定的人格权外，自然人享有基于人身自由、人格尊严产生的其他人格权益。

第九百九十二条 人格权不得放弃、转让或者继承。

第九百九十三条 民事主体可以将自己的姓名、名称、肖像等许可他人使用，但是依照法律规定或者根据其性质不得许可的除外。

案例分析

1. 小柯在电子发烧友圈有一定的知名度，可通过许可使用合理利用自己的姓名权。

2. 该电子发烧友论坛未经小柯许可，擅自使用小柯的姓名，侵犯了小柯的人格权。

3. 因为协商解决具有便捷、高效、当事人意思自治等特点，所以小柯首先采取的是与该论坛协商来解决。在协商未果后，小柯最终只得通过诉讼手段来救济自己的权利。

启示感悟

自然人的姓名和肖像、企业名称往往因享有一定声誉，而能带来经济价值。因此，允许这些人格权的许可使用可以提高社会经济效益。大学生常常认识不到或者忽视自己的姓名等人格利益能够带来的价值，而使自己的利益受损。

当我们意识到自己的人格利益受到侵害时，可以采取多种途径来救济，比如协商解决、提起诉讼等手段。不同的救济途径在成本、效率、强制力等方面存在差异，我们可以根据自己的实际情况，选择对自己最有利的解决途径。

案例 57　人走茶不凉

案情介绍

　　某论坛版主夏生为吸引关注，在某论坛网站上发帖造谣称，我国某位已去世知名影星早已加入×国国籍。事实上，该过世影星从未变更过国籍。该帖在网上引起热议。大学生小莉在网上看到该帖，未核对真假便转发该帖。小莉的转发浏览量较大。

　　这件事后被该过世影星亲属获悉，其亲属随后报警。在警方的介入下，夏生删除了造谣帖子，公开道歉并向其亲属进行了民事赔偿。网警巡查发现小莉转发了该造谣帖子，念其初犯，仅对其进行批评教育。

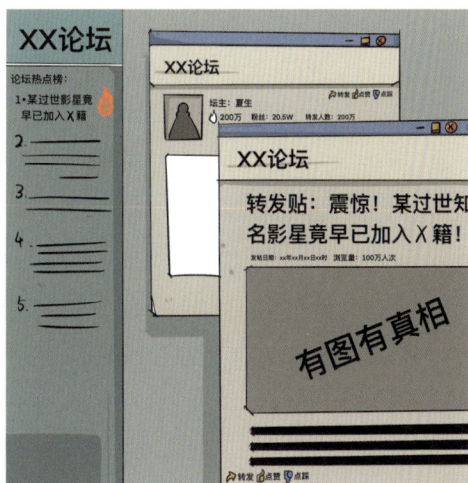

法典规定

《中华人民共和国民法典》

　　第九百九十四条　死者的姓名、肖像、名誉、荣誉、隐私、遗体等受到侵害的，其配偶、子女、父母有权依法请求行为人承担民

127

事责任；死者没有配偶、子女且父母已经死亡的，其他近亲属有权依法请求行为人承担民事责任。

案例分析

1. 我国民法典对死者人格利益进行保护。本案中，该影星在死后其名誉权受到了侵害，在其没有配偶、子女、父母的情况下，其近亲属可依法提起诉讼，要求侵权人承担民事责任。

2. 我国法律规定，转发造谣信息浏览量较大，需要承担相应的责任。大学生小莉在未经辨别真假的情况下，就转发该帖，需要承担相应的法律责任。

启示感悟

法律保护死者人格利益，一个一生善良清白的人，无论在生前死后都应当获得社会的尊重。如果存在对死者不负责任的诽谤，那么就会有一种威胁到社会上所有人的潜在危险，即他们死后也可能遭遇同样的对待。

将死者人格利益纳入民法典的保护范围，就意味着这是一项重要的权利，不容忽视。一方面，我们切不可以身试法，侵害死者的人格利益；另一方面，要意识到，当我们的亲人去世后，其人格利益并未随之逝去。

我们生活在网络时代，每天都在网络上接受大量的信息，需要有清醒的头脑、明辨是非的能力，不要简单接受、无条件相信、盲目跟风，更不可随意转发、传播未经核实的信息。

　　2021年年初，大学生小思在一次体检中查出罹患急性白血病，接受骨髓捐献，尽快完成骨髓移植是小思唯一的希望。医生将小思的骨髓配型输入中华骨髓库，经过近一个月的等待后，小思迎来了好消息，相隔一千多公里外的小月的配型和自己完全吻合而且小月同意捐献。在经过一系列的手术后，小思完成了骨髓移植，恢复良好。

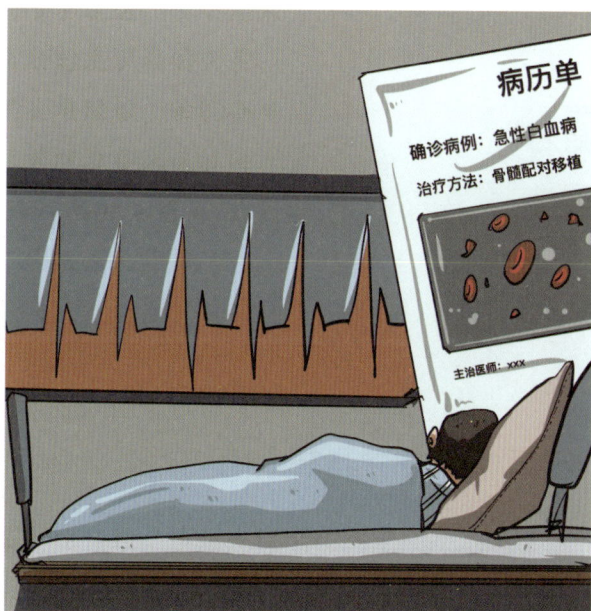

《中华人民共和国民法典》

第一千零六条 完全民事行为能力人有权依法自主决定无偿捐献其人体细胞、人体组织、人体器官、遗体。任何组织或者个人不得强迫、欺骗、利诱其捐献。

完全民事行为能力人依据前款规定同意捐献的，应当采用书面形式，也可以订立遗嘱。

自然人生前未表示不同意捐献的，该自然人死亡后，其配偶、成年子女、父母可以共同决定捐献，决定捐献应当采用书面形式。

案例分析

1. 骨髓在医学上的分类属于人体细胞，是禁止非法买卖的。

2. 小月作为完全民事行为能力人对于自己的骨髓是享有一定的处分权的，可以无偿捐献。

启示感悟

据中国红十字会统计，我国器官移植缺口巨大，每年约30万患者等待移植，而移植数量仅2万例。民法典对于人体器官捐献的有关规定，对于规范器官捐献意义重大。

大学生可能会觉得，器官捐献与我们距离遥远，其实并不是这样的。无偿献血、志愿加入"中华骨髓库"、在红十字会登记死后无偿捐献遗体等方式都是我们可以参与的。我们作为新时代的大学生可以通过这种方式来奉献社会。

案例 59　小王改名"秦始皇"

　　大学生小王对自己的名字一直不太满意，总觉得自己的名字太过俗气，想给自己改一个标新立异的名字，于是，小王来到了当地派出所，希望将自己的名字改成"秦始皇"，既不随父姓也不随母姓。但是派出所拒绝了小王的改名请求。

《中华人民共和国民法典》

第一千零一十五条 自然人应当随父姓或者母姓，但是有下列情形之一的，可以在父姓和母姓之外选取姓氏：

（一）选取其他直系长辈血亲的姓氏；

（二）因由法定扶养人以外的人扶养而选取扶养人姓氏；

（三）有不违背公序良俗的其他正当理由。

少数民族自然人的姓氏可以遵从本民族的文化传统和风俗习惯。

案例分析

小王认为自己在更改自己名字的过程中享有绝对的自由。但是法律是自由的前提，小王在没有正当理由的情况下提出改名，不符合民法典规定，因此得不到派出所的支持。

启示感悟

有的人总是希望自己的名字能够标新立异，但是却和中华民族几千年来的文化传统背道而驰。孩子随父姓或母姓这一传统有着深厚的文化内涵，承载着民族基因。我们在取名字时，不能随心所欲，而是要尊重历史文化传统。

我国现存的每个姓氏背后，都有其丰富的历史文化底蕴，小王不可为了标新立异，而不尊重历史文化传统。并且，父母给孩子起的名字，往往带有美好的祝福与特殊的寓意，我们不可随意抛弃自己的姓名。

案例 60 我的笔名你别用

　　大学生辰南长期在某中文小说网站以笔名"辰西"发表连载小说，享有一定的知名度。后来，辰南在该中文小说网站上发现另一用户以相同笔名发布连载小说。随后，辰南要求对方停止侵权并赔偿损失。经法院判决，侵权者对辰南进行了相应赔偿。

《中华人民共和国民法典》

第一千零一十四条 任何组织或者个人不得以干涉、盗用、假冒等方式侵害他人的姓名权或者名称权。

第一千零一十七条 具有一定社会知名度，被他人使用足以造成公众混淆的笔名、艺名、网名、译名、字号、姓名和名称的简称等，参照适用姓名权和名称权保护的有关规定。

案例分析 ◢

1.我国民法典规定，任何人或组织不得干涉、盗用、冒用他人姓名。笔名保护参照姓名权保护的规定。

2.辰南的笔名"辰西"享有一定知名度，被他人冒用，显然侵害了辰南的合法权益。参照姓名权和名称权保护有关规定，侵权者应依法向辰南赔偿损失。

启示感悟 ◢

笔名、艺名等具有人身方面和财产方面的双重属性。一方面，这些符号与特定个人的身份、人格尊严具有内在联系，对他人笔名、艺名、网名的冒用，以其名义发布信息，会对特定个人的公众形象与声誉等带来损害；另一方面，笔名、艺名、网名有时候还具有一定的商业价值，对这些特定符号的保护，有利于防止不诚实的商业行为和不正当竞争行为，有利于维护社会经济秩序。我们若有笔名、艺名等就要做好相关权利的保护，以免遭受损失。

案例 61　用我肖像请付费

案情介绍

　　大学生小春平时爱好cosplay（扮装游戏），在一次参加漫展时，被某展商邀请试穿了几套洛丽塔服装，某展商乘机拍下了照片。后来，小春在网上购物时发现自己的照片被某展商线上旗舰店用作宣传照。小春在与展商多次协商无果后，以侵犯肖像权为由，将某展商诉诸法庭。

法典规定

《中华人民共和国民法典》

　　第一千零一十八条　自然人享有肖像权，有权依法制作、使用、公开或者许可他人使用自己的肖像。

　　肖像是通过影像、雕塑、绘画等方式在一定载体上所反映的特定自然人可以被识别的外部形象。

　　第一千零一十九条　任何组织或者个人不得以丑化、污损，或者利用信息技术手段伪造等方式侵害他人的肖像权。未经肖像权人同意，不得制作、使用、公开肖像权人的肖像，但是法律另有规定的除外。

未经肖像权人同意，肖像作品权利人不得以发表、复制、发行、出租、展览等方式使用或者公开肖像权人的肖像。

案例分析

1.肖像权作为一种具体的人格权，是以肖像所体现的精神利益和物质利益为内容的民事权利。肖像权所体现的基本利益是精神利益。

2.我国民法典对于自然人肖像权予以保护，任何人不得擅自使用他人肖像，更不能用其从事营利活动。某展商在未取得小春同意的情况下，擅自将小春的照片用作宣传照进行营利活动，构成对小春肖像权的侵犯。小春可以要求对方停止侵权，并赔偿损失。

启示感悟

法律保护自然人的肖像权，最首要的就是保障自然人的人格尊严，保护肖像权所体现的这种精神权利。肖像权所具有的物质利益是肖像权所体现的另一项重要内容。自然人的肖像作为艺术品，具有美学价值。在市场经济条件下，这种美学价值能够转化成财产上的利益，享有肖像权就可以获得财产上的利益。尽管这种物质利益不是其主要内容，但是亦应予以保护。

大学生应该认识到自己的肖像具有精神利益和物质利益；若发现自己的肖像权受到侵害，可以先与侵权者协商解决，协商不成，可通过法律途径保护自己的合法权益。

案例 62　小美同学取快递被造谣

案情介绍

大学生小美长相甜美，成绩优秀，是别人口中的"女神"。一天，小美在学校的快递站取快递时被人偷拍了一段视频。一个月后，一段 9 秒的视频和编造的聊天截图在网上扩散，甚至登上了同城热搜。视频中，偷拍者为她设定"女版海王"人设，编造了"女大学生多角恋"的剧情。这样的谣言，对小美造成了极大的困扰。小美无奈，只得起诉造谣者，要求停止侵权，赔礼道歉，赔偿精神损失。

太可恶了！

法典规定

《中华人民共和国民法典》

第一千零二十四条　民事主体享有名誉权。任何组织或者个人不得以侮辱、诽谤等方式侵害他人的名誉权。

名誉是对民事主体的品德、声望、才能、信用等的社会评价。

第一千零二十五条　行为人为公共利益实施新闻报道、舆论监督等行为，影响他人名誉的，不承担民事责任，但是有下列情形之一的除外：

（一）捏造、歪曲事实；

（二）对他人提供的严重失实内容未尽到合理核实义务；

（三）使用侮辱性言辞等贬损他人名誉。

案例分析

1.我国民法典对于民事主体名誉权予以保护，任何组织或者个人不得以侮辱、诽谤等方式侵害他人的名誉权。

2.偷拍者在互联网上捏造事实，诋毁小美，其行为导致小美社会评价降低，严重影响小美日常生活，侵犯了小美的名誉权。小美可要求侵害者停止侵害，赔礼道歉，赔偿精神损失。

启示感悟

名誉权保护的是自己的社会评价。名誉权不具有直接的财产价值，也不会产生直接的经济利益。但是其所包含的财产利益因素较为明显。这不仅表现在名誉权受损害以后主体会因补救损害而受到一定的经济损失，而且可能使自然人的招聘、晋级、提薪受到影响。法人社会信誉的降低、利润减少，均可使财产权受到损害。

大学生若名誉权受到侵害，首先，要求平台及时删除不法信息，避免损失进一步扩大；其次，可与造谣者协商赔偿事宜；最后，协商不成，可通过调解、诉讼等手段救济自己的权利。

案例 63　隐私保护要重视

大三学生小明和大二学生小丽正在热恋中，小明在自己电脑中存储了多张他与小丽的亲密照。小明出于信任，向室友甲分享了这些亲密照。殊不知，室友甲浏览后，偷偷将这些照片上传至学校贴吧中。随着亲密照传播范围的扩大，小明感受到越来越大的压力，在不知道是谁上传了亲密照的情况下，只得选择报案。最终，室友甲因侵犯他人隐私，受到了相应的处罚。

法典规定

《中华人民共和国民法典》

第一千零三十二条　自然人享有隐私权。任何组织或者个人不得以刺探、侵扰、泄露、公开等方式侵害他人的隐私权。

隐私是自然人的私人生活安宁和不愿为他人知晓的私密空间、

139

私密活动、私密信息。

1.我国民法典规定,任何组织或者个人不得以刺探、侵扰、泄露、公开等方式侵害他人的隐私权。

2.室友甲在未经小明、小丽同意的情况下,私自传播小明与小丽的亲密照,其行为已侵害到小明和小丽的隐私权。室友甲将小明与小丽的亲密照上传到网上,传播范围大,造成了严重的后果,其行为应受到严厉处罚。

民有所呼,法有所应。民法典在公民隐私权保护上有了新突破,对隐私的定义作出了更完善的规定,将隐私定义为:自然人的私人生活安宁和不愿为他人知晓的私密空间、私密生活、私密信息。这意味着,"私人生活安宁"成为隐私权的重要内涵。

大学生在日常生活中,要注重保护自己的隐私,不随意将自己的隐私分享给他人,也不能侵犯他人隐私权。侵犯他人隐私权的行为是违法的,严重时还可能构成犯罪。

大学生的隐私权若受到侵犯,在自己难以查明侵权人时,可寻求公权力救济,以便使自己的权利尽快得到救济,使损失降到最低。

案例64　购物差评遭骚扰

案情介绍

大学生小度在网上购买了某款杠铃杆，网上宣称该款杠铃杆能够承重200kg。小度收到货后，仅使用了一次，杠铃杆就发生了断裂。小度与商家沟通退货无果，在网上给了商家差评。于是商家每天给小度拨打电话，给小度的生活造成了极大困扰。小度在该网购平台上投诉该商家，要求商家停止侵权行为，并赔偿损失。在平台的介入下，商家停止了侵权行为，并赔偿了小度的损失。

法典规定

《中华人民共和国民法典》

第一千零三十三条　除法律另有规定或者权利人明确同意外，任何组织或者个人不得实施下列行为：

（一）以电话、短信、即时通讯工具、电子邮件、传单等方式侵扰他人的私人生活安宁；

（二）进入、拍摄、窥视他人的住宅、宾馆房间等私密空间；

（三）拍摄、窥视、窃听、公开他人的私密活动；

（四）拍摄、窥视他人身体的私密部位；

（五）处理他人的私密信息；

（六）以其他方式侵害他人的隐私权。

案例分析

1.我国民法典规定，任何组织和个人不得以电话、短信、即时通讯工具、电子邮件、传单等方式侵扰他人的私人生活安宁。

2.该商家因小度给了差评，就不停打骚扰电话，其行为侵害了小度的私人生活安宁，小度有权要求商家停止侵权，并赔偿损失。

启示感悟

生活在网络时代，我们不可避免地将个人信息交给互联网公司以获取生活上的便利。但同时，我们的个人信息安全也容易受到不法侵害。因此，民法典对于公民隐私权、私人生活安宁等权益给予了充分的保障和相应的救济途径。

我们也要认识到，法律不是万能的，司法是需要成本的。我们有时很难通过诉讼手段来保障自己的权利获得救济。对于案例中的情况，我们可以向互联网平台反映情况，尽可能通过沟通协商解决，如果解决不了，可以尝试诉讼途径解决。

案例 65　个人信息受保护

案情介绍

　　某大学快递站的快递员小力利用工作便利，获取了大量大学生个人信息，其中有大学生的姓名、电话号码、家庭住址等。小力将信息以每条5元的价格卖给学校附近的考研机构。考研机构拿到这些个人信息后，有针对性地给大学生打推销电话。大学生在上课、休息时常常接到骚扰电话。

法典规定

《中华人民共和国民法典》

　　第一千零三十四条　自然人的个人信息受法律保护。

　　个人信息是以电子或者其他方式记录的能够单独或者与其他信息结合识别特定自然人的各种信息，包括自然人的姓名、出生日期、身份证件号码、生物识别信息、住址、电话号码、电子邮箱、健康信息、行踪信息等。

　　个人信息中的私密信息，适用有关隐私权的规定；没有规定的，适用有关个人信息保护的规定。

第一千零三十五条　处理个人信息的，应当遵循合法、正当、必要原则，不得过度处理，并符合下列条件：

（一）征得该自然人或者其监护人同意，但是法律、行政法规另有规定的除外；

（二）公开处理信息的规则；

（三）明示处理信息的目的、方式和范围；

（四）不违反法律、行政法规的规定和双方的约定。

个人信息的处理包括个人信息的收集、存储、使用、加工、传输、提供、公开等。

案例分析

1. 我国民法典保护公民个人信息，任何组织或个人不得非法获取公民个人信息。

2. 快递员小力利用工作便利，大量窃取客户个人信息后，倒卖给考研机构，其行为侵犯了客户的个人信息权，严重时，还将触犯刑法，承担刑事责任。

启示感悟

民法典首次将"电子邮箱"和"行踪信息"纳入个人信息的范围，让个人信息保护的定义更加清晰全面，但要从源头有效治理个人信息泄露，还必须加强对互联网公司、银行、物流企业等信息收集者的引导和规制。

个人信息的保护不仅需要对信息收集者进行管控，还需要公民提高自我防范意识。例如，在一些场合不需要提供电话号码尽量不提供、网络购物使用昵称代替真实姓名等，尽可能保护好自己的个人信息。

第五编

婚姻家庭

导语

　　婚姻家庭编是民法典的第五大组成部分，主要适用于婚姻家庭产生的民事关系，规定的是亲属身份关系的发生、变更和消灭，以及配偶、父母子女和其他一定范围的亲属之间的身份地位和权利义务关系。

　　婚姻家庭关系是平等主体之间自由自愿缔结的一种社会关系，对于大学生而言恋爱关系同婚姻家庭关系一样值得关注。在实际生活中，无论是两性之间的交往还是家庭层面的耦合运行，规则与情绪都是绕不开的话题。为了社会秩序的稳定以及规则的良好运行，人们制定了法律，而法律并不是包含一切的，它需要为相应的社会关系留下必要的润滑剂。对于婚姻家庭而言更是如此，两性间的交往甚至共同生活构建家庭，都需要把握好法律与非法律之间的界限。

　　民法典的出台为人们更好地解决婚姻家庭产生的民事关系提供了依据与保障。无论万物是否与爱有关，民法典都保留并支持人们热爱一切值得热爱之事的权利与自由。

案例66　落袋为"安"？

案情介绍

小北与小遥系男女朋友关系，在订婚当日，小遥将自己从小佩戴的金首饰送给小北作为订婚信物。后两人感情破裂，小遥遂要求小北将自己的首饰返还。而小北则认为小遥已经把该件首饰送给了自己，自己无需返还并且可以随意处置该件首饰。两人对该件首饰的所有权多次进行协商，但均未达成令双方都满意的结果。小北见状遂将该件金首饰出售，落袋为安，从而引发了双方更深的纠纷。

法典规定

《中华人民共和国民法典》

第一百五十八条　民事法律行为可以附条件，但是根据其性质不得附条件的除外。附生效条件的民事法律行为，自条件成就时生效。附解除条件的民事法律行为，自条件成就时失效。

第九百八十五条　得利人没有法律根据取得不当利益的，受损失的人可以请求得利人返还取得的利益，但是有下列情形之一的除外：

（一）为履行道德义务进行的给付；

（二）债务到期之前的清偿；

（三）明知无给付义务而进行的债务清偿。

案例分析

1. 小遥基于结婚目的，将从小佩戴的金首饰送给小北，属于附条件赠与。这种赠与行为成立的前提是婚约关系的存在，当这样的一种人身关系消灭，赠与关系的前提随之消灭，赠与行为也就不成立了，因此小北应该将金首饰还给小遥。

2. 小北在不具有金首饰所有权的情况下，如果继续占有该财产或者对该财产进行处分，则有可能构成不当得利。小北私自将该件金首饰出售，构成不当得利，属于法律所禁止的行为。此时小遥可以寻求法律帮助，通过法律手段来维护自己的合法权益。

启示感悟

现实生活中，我们可能会遇到一些赠与行为，一定要弄清楚该赠与是否符合条件，例如本案例中的赠与行为成立的前提是婚约关系的存续，两人可先自行协商解决。若两人实在协商无果，可以请求第三方进行调解。若最终无法采用调解方法解决问题，则可以采用法律手段来维护各自的合法权益。

案例 67　同居关系之财产分割

案情介绍

　　小迪与小贝为刚毕业的大学生，两人在 2020 年初确认恋爱关系，不久后便在某小区租房共同生活。两人约定由小迪承担房租及附加的水电气等费用，小贝则负责日常生活的开销。截至 2020 年 12 月底小迪与小贝就上述事项分别花了约 5000 元和 3000 元。两人对同居的房间进行了简单的装饰，一起集资购买了一台价值 1000 元的全自动洗衣机。两人最终感情破裂，选择分割财产，和平分手。

法典规定

《中华人民共和国民法典》

　　第一千零六十二条　夫妻在婚姻关系存续期间所得的下列财产，为夫妻的共同财产，归夫妻共同所有：

　　（一）工资、奖金、劳务报酬；

　　（二）生产、经营、投资的收益；

　　（三）知识产权的收益；

　　（四）继承或者受赠的财产，但是本法第一千零六十三条第三项规定的除外；

（五）其他应当归共同所有的财产。

夫妻对共同财产，有平等的处理权。

第一千零六十三条 下列财产为夫妻一方的个人财产：

（一）一方的婚前财产；

（二）一方因受到人身损害获得的赔偿或者补偿；

（三）遗嘱或者赠与合同中确定只归一方的财产；

（四）一方专用的生活用品；

（五）其他应当归一方的财产。

第一千零六十五条 男女双方可以约定婚姻关系存续期间所得的财产以及婚前财产归各自所有、共同所有或者部分各自所有、部分共同所有。约定应当采用书面形式。没有约定或者约定不明确的，适用本法第一千零六十二条、第一千零六十三条的规定。

夫妻对婚姻关系存续期间所得的财产以及婚前财产的约定，对双方具有法律约束力。

夫妻对婚姻关系存续期间所得的财产约定归各自所有，夫或者妻一方对外所负的债务，相对人知道该约定的，以夫或者妻一方的个人财产清偿。

《北京市高级人民法院关于审理婚姻纠纷案件
若干疑难问题的参考意见》

第七部分：其他涉财产问题

四十四、【同居关系解除后财产分割原则】男女双方未办理结婚登记手续以夫妻名义同居生活的，同居关系解除后要求分割同居期间共同劳动、经营或管理所得财产的，有约定从约定；无约定且上述同居期间财产混同的，推定为共同共有，但根据同居时间、各自贡献、生活习惯等因素能认定为按份共有财产的除外。

男女双方未办理结婚登记手续亦不以夫妻名义同居生活的，同居关系解除后要求分割同居期间共同劳动、经营或管理所得财产的，有约定从约定；无约定且财产混同的，推定为按份共有，具体份额比例可依据同居时间、各自贡献、生活习惯确定。

1. 本案中，小迪和小贝尚未办理结婚登记手续，仍是普通的恋爱关系，所以应该按照一般民事法律关系中的财产纠纷予以解决，在解决过程中应关注恋爱关系为双方财产纠纷处理带来的特殊性。

2. 小迪与小贝在同居期间的相关花费可分为约定部分与按份共有部分。小迪所付房租与小贝所承担的生活开销是由两人约定的，所以此部分应按照约定，由双方自行承担。双方共同购入的全自动洗衣机应当属于按份共有财产，可以按出资份额与各自贡献等进行分割，也可在折价变卖取得销售款后再行分割。具体处理措施可以参考《北京市高级人民法院关于审理婚姻纠纷案件若干疑难问题的参考意见》第七部分其他涉财产问题。

3. 若双方当事人在后续的协商中就财产分割达成新协议，应当按照新达成的协议进行财产的分割履行。

启示感悟

　　民法典婚姻家庭编中调整的是因婚姻家庭产生的民事关系，但对于处理在恋爱过程中遇到的纠纷问题同样有着重要的指导意义。恋爱关系是重要的社会关系之一，与人身、财产都有着紧密的联系。在与恋爱关系相关的纠纷问题解决中，最重要的便是"意思自治"原则，即尊重当事人内心真实意愿。所以本案中我们一直强调以双方当事人协商解决为优。恋爱莫昏头，遇到纠纷民法典来守护。

案例 68　财产分割之情感小兽

案情介绍

小南是一名研二学生，为增进与女朋友小年的感情，遂购买了一只价值 1000 元的宠物狗送给小年。在之后的一年中，这只宠物狗一直由小年饲养，在此过程中小年对该宠物狗十分喜爱，遂主动承担了宠物狗日常用品的费用，而狗粮等饲养费则由两人一起承担。后因两人感情破裂，小南要求小年将宠物狗返还，而小年则认为小狗一直由自己照料，且精力和金钱投入更多，遂拒绝了这一请求。因此两人对宠物狗的具体归属及相应花费产生纠纷。

《中华人民共和国民法典》

第一千零六十二条 夫妻在婚姻关系存续期间所得的下列财产，为夫妻的共同财产，归夫妻共同所有：

（一）工资、奖金、劳务报酬；

（二）生产、经营、投资的收益；

（三）知识产权的收益；

（四）继承或者受赠的财产，但是本法第一千零六十三条第三项规定的除外；

（五）其他应当归共同所有的财产。

夫妻对共同财产，有平等的处理权。

第一千零六十五条 男女双方可以约定婚姻关系存续期间所得的财产以及婚前财产归各自所有、共同所有或者部分各自所有、部分共同所有。约定应当采用书面形式。没有约定或者约定不明确的，适用本法第一千零六十二条、第一千零六十三条的规定。

夫妻对婚姻关系存续期间所得的财产以及婚前财产的约定，对双方具有法律约束力。

夫妻对婚姻关系存续期间所得的财产约定归各自所有，夫或者妻一方对外所负的债务，相对人知道该约定的，以夫或者妻一方的个人财产清偿。

1. 本案属于恋爱关系范畴，所以对两人的财产分割并不应当适用婚姻家庭编的相关规定予以解决。同时宠物并不属于抚养关系的一种，所以在进行分割时双方当事人并不当然具有在法律上的相关权利与义务。

2.应该明确小南对交付给小年的这条宠物狗是否具有赠与的意思表示。若小南有赠与的意思表示，则该宠物狗属于小年的财产，小南仅可以请求小年对其在共同饲养过程中的相关费用进行补偿；若没有赠与的意思表示，出于对宠物狗的特殊性的考虑，则应当认定该宠物狗及相关物品为双方按份共有的财产进行处理。在交涉过程中按照双方出资份额、各自贡献度及实际情感因素等来确定最终的归属。

3.若双方当事人在后续的协商过程中就该宠物狗的归属达成新协议，应当按照双方的新协议内容进行处理。

启示感悟

恋爱关系是重要的社会关系之一，在处理恋爱关系的过程中人们所涉及的不仅有单纯的财产纠纷，而且有许多难以进行分割的情感凝结物。对于这些情感凝结物，需根据民法典的相关法律规定及当事人之间的情感、社会道德环境等因素综合考虑，最终得出处理方案。财产分割莫冲动，情感产物多关注。

案例69 扶养与扶助，别打错了助攻！

    暑假期间研三学生小丰带自己交往两年的女朋友小玛回家看望父母。某日下午小丰和母亲带着小玛去公园泛舟游玩，在游玩过程中小丰与母亲发生争吵，不慎导致船体侧翻，三人坠入湖中。小丰见状立即将较近的母亲营救上岸，而女朋友小玛随后也在路人的协助下被营救。

《中华人民共和国民法典》

第二十六条 父母对未成年子女负有抚养、教育和保护的义务。

成年子女对父母负有赡养、扶助和保护的义务。

第一千零四十三条 家庭应当树立优良家风，弘扬家庭美德，重视家庭文明建设。

夫妻应当互相忠实，互相尊重，互相关爱；家庭成员应当敬老爱幼，互相帮助，维护平等、和睦、文明的婚姻家庭关系。

第一千零五十九条 夫妻有相互扶养的义务。

需要扶养的一方，在另一方不履行扶养义务时，有要求其给付扶养费的权利。

案例分析 ◢

1. 本案主要涉及两种社会关系，即小丰与小玛的恋爱关系及小丰与母亲的母子关系。

2. 本案中为法律所明文保护的是小丰对其母亲的相关义务。若小丰不率先对其母亲进行救助则可能违反了民法典中子女对父母扶助义务的相关规定。若造成严重后果（如小丰母亲死亡），则有可能构成刑法意义上的"不作为犯罪"。

3. 小丰对其女朋友承担的更多的是道德性的义务，在法律上对于恋爱关系相关的权利义务并无明确规定。应该注意的是，若由于小丰的原因造成小玛的利益损害，则小丰仍有可能要承担一定的损害赔偿责任。

4. 应该注意的是，若小丰与小玛已经进行登记结婚，在双方缔结婚姻关系后小丰则与其妻子小玛之间有着相互扶养的义务。而在遇到同样的情况时则小丰对母亲及小玛承担同样的救助义务，应根据救助的实际操作性与可行性决定救助措施的实施。

启示感悟

　　家庭是构成社会的基础单元，家庭的稳定程度会对整个社会环境的稳定性产生极大的影响。从初始阶段的恋爱关系到深层次的婚姻关系以及作为内核的家庭关系，不同社会关系之间都有着各自的运行方式与处理规则。对于恋爱关系可以在不违反法律的前提下按照道德规范及恋爱关系的内部规则来处理，若上升至家庭层面，则更应该做到法治与公序良俗等因素的调和兼顾。

　　无论是恋爱关系还是婚姻家庭关系都需要关系体中的相应成员互相尊重、互相关爱，以更好地做到"小分子"在"大社会"关系中的稳定耦合，从而促进稳定家庭关系的形成与和谐社会的构建。恋爱婚姻莫冲动，权利义务要清楚。相互关系少不了，多加体谅是关键。

案例70　楠母善，难善"楠"

我错了！

案情介绍

小楠系某大学大三学生，在一次外出游玩中，过度消费欠下了外债2000元。为了不惊动家人。他通过"××贷"APP前后分别借款8000元与2万元来供自己还债与日常的挥霍。虚假的表象终究无法延续，同学眼中的"阔少"最终掉入了高利贷的陷阱。事发后小楠的养母多次为其偿还贷款，小楠猜出养母的支付密码并向自己一次性转款7万元。小楠养母发现后急火攻心，卧病在床，遂要求解除自己与小楠的收养关系。小楠终于意识到自己的错误，流下了悔恨的泪水。

法典规定

《中华人民共和国民法典》

第一千一百一十一条　自收养关系成立之日起，养父母与养子女间的权利义务关系，适用本法关于父母子女关系的规定；养子女与养父母的近亲属间的权利义务关系，适用本法关于子女与父母的近亲属关系的规定。

养子女与生父母以及其他近亲属间的权利义务关系，因收养关系的成立而消除。

第一千一百一十四条　收养人在被收养人成年以前，不得解除收养关系，但是收养人、送养人双方协议解除的除外。养子女八周岁以上的，应当征得本人同意。

收养人不履行抚养义务，有虐待、遗弃等侵害未成年养子女合法权益行为的，送养人有权要求解除养父母与养子女间的收养关系。送养人、收养人不能达成解除收养关系协议的，可以向人民法院提起诉讼。

第一千一百一十五条　养父母与成年养子女关系恶化、无法共同生活的，可以协议解除收养关系。不能达成协议的，可以向人民法院提起诉讼。

第一千一百一十六条　当事人协议解除收养关系的，应当到民政部门办理解除收养关系登记。

第一千一百一十八条　收养关系解除后，经养父母抚养的成年养子女，对缺乏劳动能力又缺乏生活来源的养父母，应当给付生活费。因养子女成年后虐待、遗弃养父母而解除收养关系的，养父母可以要求养子女补偿收养期间支出的抚养费。

生父母要求解除收养关系的，养父母可以要求生父母适当补偿收养期间支出的抚养费；但是，因养父母虐待、遗弃养子女而解除收养关系的除外。

1.当收养关系成立后，养父母与养子女之间的权利义务关系，适用民法典婚姻家庭编中对亲生子女的相关规定，也就意味着养子女在收养关系存续期间拥有与亲生子女同样的权利与义务。所以小楠养母给予小楠相应的生活费并且帮助其偿还债务具有相应的合理性与合法性。

2.收养关系具有可解除性，可以通过协议与诉讼两种方式解除。本案中当小楠作为成年的养子女却一直损害其养母及家庭的利益，其养母有充分理由请求相关部门解除两人间的收养关系。

3.收养关系具有一定的特殊性和延续性，即使收养关系解除，养子女对养父母依然具有一定的义务。如在本案中，其养母若因意外或其他原因丧失劳动能力又缺乏生活来源，则小楠应当给予其养母一定的生活费。同时，若有必要，小楠的养母可以请求小楠补偿收养期间支出的抚养费。

4.无论是收养关系的确立还是解除都应该符合相关的法律规定，应该按照相关程序要求与规定合理适当地选择解决方式。同时本案在处理过程中应该综合其已经涉及刑法的相关情况，从而公正合理地予以处理。

启示感悟

收养关系是婚姻家庭关系的重要组成部分。其内容主要包括收养关系的成立、效力及解除三个方面。养子女是家庭的重要成员，同时体现着两个甚至多个不同家庭的交融、碰撞。家庭的稳定关系着社会的稳定，所以其程序的正当性与合法性不可不多加关注。对收养关系的合理处置不仅关乎家庭这一层面的稳定性与秩序性，对社会的整体风尚及社会保障等社会学领域及其他法学领域也都有着极重要的意义。

　　大四学生小茜的父母于 2019 年 12 月协议离婚，小茜随母亲生活。2020 年 2 月，小茜因骨折到医院治疗，支出医疗费 1342 元，小茜 2020 年缴纳学费 8000 元，生活费支出 2 万元。以上全部费用由其母支付。小茜认为全部费用由母亲支付不公平，父亲也应当支付以上费用的一半。小茜便找到父亲进行协商，而其父不愿意支付这笔费用。于是小茜向法学系老师寻求帮助。

法典规定

《中华人民共和国民法典》

　　第一千零五十八条　夫妻双方平等享有对未成年子女抚养、教育和保护的权利，共同承担对未成年子女抚养、教育和保护的义务。

　　第一千零六十七条　父母不履行抚养义务的，未成年子女或者不能独立生活的成年子女，有要求父母给付抚养费的权利。

成年子女不履行赡养义务的，缺乏劳动能力或者生活困难的父母，有要求成年子女给付赡养费的权利。

《最高人民法院关于适用〈中华人民共和国民法典〉婚姻家庭编的解释（一）》

第四十一条　尚在校接受高中及其以下学历教育，或者丧失、部分丧失劳动能力等非因主观原因而无法维持正常生活的成年子女，可以认定为民法典第一千零六十七条规定的"不能独立生活的成年子女"。

案例分析

1.小茜已经上大学，是成年人，且未丧失、部分丧失劳动能力，可以独立生活，依据相关法律规定，其父母对小茜不再有抚养、教育和保护的法定义务。

2.小茜父母并无约定双方平等支付小茜的大学学费、生活费等相关协定，因此，小茜无权要求父亲支付上述费用。

启示感悟

成年人应该努力自力更生，即使身份依然是学生，父母也并无法定义务支付抚养费。作为成年人，我们不应该将父母的抚养视作理所应当，更多的应该是感恩父母为我们的付出，尽量减少不必要的支出，减轻父母的负担。大学生如果遇到父母均不为其支付大学学费、生活费、医药费的情形，可以通过申请国家助学贷款、假期打工等方式解决自己的生活问题。

案例72 父母再婚亦自由

大学生小海的父母于2009年协议离婚，小海一直随父亲生活。2015年小海的父亲与李阿姨相识，感情逐渐升温，两人于2021年1月进行了婚姻登记。小海知道后并不赞同这段婚姻，认为李阿姨虚情假意，结婚只是为了骗取父亲的财产。于是小海宣

我不允许你们结婚！

称若两人执意结婚，那么他将不再承担对父亲的赡养义务。小海父亲得知后未加理会，小海便打算去法院申请撤销父亲的婚姻。

法典规定

《中华人民共和国民法典》

第一千零四十六条 结婚应当男女双方完全自愿，禁止任何一方对另一方加以强迫，禁止任何组织或者个人加以干涉。

第一千零五十二条 因胁迫结婚的，受胁迫的一方可以向人民法院请求撤销婚姻。

请求撤销婚姻的，应当自胁迫行为终止之日起一年内提出。

被非法限制人身自由的当事人请求撤销婚姻的，应当自恢复人身自由之日起一年内提出。

第一千零五十三条　一方患有重大疾病的，应当在结婚登记前如实告知另一方；不如实告知的，另一方可以向人民法院请求撤销婚姻。

请求撤销婚姻的，应当自知道或者应当知道撤销事由之日起一年内提出。

第一千零六十七条　父母不履行抚养义务的，未成年子女或者不能独立生活的成年子女，有要求父母给付抚养费的权利。

成年子女不履行赡养义务的，缺乏劳动能力或者生活困难的父母，有要求成年子女给付赡养费的权利。

第一千零六十九条　子女应当尊重父母的婚姻权利，不得干涉父母离婚、再婚以及婚后的生活。子女对父母的赡养义务，不因父母的婚姻关系变化而终止。

案例分析

1. 小海作为子女无权干涉父亲的婚姻自由。

2. 小海对父亲的赡养义务不因其父的再婚而改变，如果小海将来不履行赡养义务，其父有权要求小海给付赡养费。

3. 小海父亲与李阿姨的婚姻效力，不会因为小海的反对而无效，小海无权请求撤销婚姻。

启示感悟

　　法律保护婚姻自由，既包括离婚自由，也包括结婚自由。子女不应该过度干涉父母的婚姻，担心父母是合情合理的，但是不能过度揣测。如果仅仅是从个人的感情出发，反对或阻止父亲或母亲的再婚，不考虑父母的感情需求，不仅不合理，而且不合法，严重的甚至可能构成犯罪。

第六编

继　承

导语

　　继承编是民法典第六大组成部分，主要调整因继承产生的民事关系，内容包括：一般规定、法定继承、遗嘱继承与遗赠、遗产的处理。国家保护自然人的继承权。

　　继承编是关乎个人财产传承的重要制度。每个国家所设计的制度都应与本民族人民的文化习惯与秉性相符合，而继承制度作为财产交接与新旧社会关系过渡的桥梁则更应注重这一原则。继承不仅是一种形式，更是一种力量，是旧家庭对后来继承人留下的宝贵财富。对于大学生而言，如果说长辈离去的悲伤是难掩的情绪，那么守护先辈留下的财富便是印刻在骨髓里的秉性。

　　在民法典的继承编中，每一个被继承人的真实意愿都将得到尊重，每一个继承人的继承权也都将得到保护。继承顺序的确认、继承财产合法性的确认、继承份额的确认以及继承权的保护等方面都需要在实际运用中着重关注。

案例 73　有所遗，有所继！

　　暑假期间小婉一家人在前往某景区游玩过程中不幸发生车祸，小婉爷爷及小婉二叔当场死亡，小婉父母及小婉经抢救脱离危险。据悉，小婉爷爷系某民办小学退休教师，有存款 35 万元及个人财产书籍字画若干。小婉爷爷因身体原因早有遗嘱留下，规定将自己的所有遗产分为三部分处置，将 10 万元无偿捐赠给自己曾经工作的民办小学，20 万元由小婉父亲继承，剩下的 5 万元及自己所有的书籍字画都由小婉二叔继承。在对遗产的处理过程中小婉父亲对小婉二叔的继承财产不知如何处置，遂来咨询。

诚信律所

您好，我来咨询一下遗产继承问题！

《中华人民共和国民法典》

第一千一百二十一条 继承从被继承人死亡时开始。

相互有继承关系的数人在同一事件中死亡，难以确定死亡时间的，推定没有其他继承人的人先死亡。都有其他继承人，辈份不同的，推定长辈先死亡；辈份相同的，推定同时死亡，相互不发生继承。

第一千一百二十三条 继承开始后，按照法定继承办理；有遗嘱的，按照遗嘱继承或者遗赠办理；有遗赠扶养协议的，按照协议办理。

第一千一百三十三条 自然人可以依照本法规定立遗嘱处分个人财产，并可以指定遗嘱执行人。

自然人可以立遗嘱将个人财产指定由法定继承人中的一人或者数人继承。

自然人可以立遗嘱将个人财产赠与国家、集体或者法定继承人以外的组织、个人。

自然人可以依法设立遗嘱信托。

案例分析

1. 根据民法典第一千一百二十一条，继承关系从被继承人死亡时开始，所以当小婉爷爷死亡后针对小婉爷爷的继承关系开始。根据民法典第一千一百二十三条，继承人留有遗嘱的，按照遗嘱继承或者遗赠办理，所以具体的处置安排应该遵循小婉爷爷留有的遗嘱。

2. 在同一事件中应该对具体的继承关系进行梳理。根据民法典第一千一百二十一条，难以确定死亡时间的一般遵循相互有继承关系的，推定没有继承人的先死亡。辈份不同的，推定长辈先死亡。所以在本案中推定小婉爷爷先死亡，之后小婉二叔死亡。

3. 根据民法典第一千一百三十三条自然人可以通过立遗嘱的方式处分个人财产，可以自行选定法定继承人继承也可以进行赠与国家、集体或者法定继承人以外的组织、个人。所以小婉爷爷在遗嘱中将20万元留给小婉父亲、将10万元捐赠给曾经工作的民办小学、将剩下的5万元及书籍字画留给小婉二叔的一系列行为是有其合理性与合法性的，小婉父亲也应该遵循遗嘱对相应财产进行合理处分。

4. 按照民法典的规定我们推定小婉爷爷先于小婉二叔死亡，即小婉二叔在法律层面是在继承相关遗产后死亡的。所以遗产中规定的"5万元及相应的书籍字画"应该归于小婉二叔名下，最终按照法定继承的规定由小婉二叔的继承人进行继承。

启示感悟

继承关系是关乎公民个人财产传承的重要制度。从某种角度来看对于继承关系的合理梳理更是对公民财产的一种保护，是对公民合理自由地处置个人财产的权利的保护。所以在遇到继承关系的相关事宜时，应当遵循民法典中的相关规定，合乎法律，合乎情理地对继承关系与个人财产进行梳理处置。

案例 74　和谐家庭，合法继承

案情介绍

　　一场车祸造成小妮爷爷去世、父母重伤。小妮爷爷生前曾经立下遗嘱，决定将个人所有的存款 30 万元留给小妮的二叔，将家乡的祖宅留给小妮的父亲。后经公安机关调查得知此次车祸是小妮的二叔为夺取祖宅一手策划的，最终小妮的二叔受到法律的制裁。而就在小妮的二叔受到法律制裁之后，小妮父亲却对遗产的处理犯了难。

《中华人民共和国民法典》

第一千一百二十三条 继承开始后，按照法定继承办理；有遗嘱的，按照遗嘱继承或者遗赠办理；有遗赠扶养协议的，按照协议办理。

第一千一百二十五条 继承人有下列行为之一的，丧失继承权：

（一）故意杀害被继承人；

（二）为争夺遗产而杀害其他继承人；

（三）遗弃被继承人，或者虐待被继承人情节严重；

（四）伪造、篡改、隐匿或者销毁遗嘱，情节严重；

（五）以欺诈、胁迫手段迫使或者妨碍被继承人设立、变更或者撤回遗嘱，情节严重。

继承人有前款第三项至第五项行为，确有悔改表现，被继承人表示宽恕或者事后在遗嘱中将其列为继承人的，该继承人不丧失继承权。

受遗赠人有本条第一款规定行为的，丧失受遗赠权。

第一千一百三十二条 继承人应当本着互谅互让、和睦团结的精神，协商处理继承问题。遗产分割的时间、办法和份额，由继承人协商确定；协商不成的，可以由人民调解委员会调解或者向人民法院提起诉讼。

案例分析 ◢

1. 依照民法典的规定自然人死亡后留有遗嘱的应该按照遗嘱进行继承。所以小妮父亲、小妮二叔若无民法典规定的"丧失继承权"的相关情形存在，则一切事项都应按照遗嘱进行。

2. 小妮二叔一手策划了车祸事件，导致小妮爷爷当场去世、小妮父母受重伤。根据民法典第一千一百二十五条，继承人有故意杀害被继承人、为争夺遗产而杀害其他继承人等情形存在的丧失其继承权。所以小妮二叔在受到法律制裁的同时还将依法失去对30万元的继承权，这笔财产可以由小妮父亲与其他家庭成员协商后进行合理处置。

启示感悟

遗产继承是对一个家庭甚至多个家庭之间财产的一次可能的分配，在处理相应的事项中应该本着互谅互让、和睦团结的精神，协商处理继承关系。无论是从传统继承文化的角度出发还是从当代法律规定的角度出发，都强调应该关注到财产传承的秩序性与稳定性。要尊重被继承人的真实意愿，合法合理合乎程序地进行财产的传承。

案例 75　法定继承中的贡献比

案情介绍

　　小歌的奶奶突发心脏病去世，留下祖宅一间、存款 30 万元及价值 5 万元的首饰。针对这笔遗产小歌的父亲认为一直以来都是自己照顾老人，而小歌的二叔对老人极少关照，小歌的姑姑于 2015 年患尿毒症缺乏劳动能力，对老人也没有尽到相应的照料义务，所以所有的遗产都应由自己继承。而小歌的二叔及姑姑则认为，小歌的父亲继承了祖宅已经足够，剩下的 30 万元及价值 5 万元的首饰应由他们来继承。针对这笔遗产的处理三方各执己见，小歌的父亲遂来咨询。

法典规定

《中华人民共和国民法典》

　　第一千一百二十三条　继承开始后，按照法定继承办理；有遗嘱的，按照遗嘱继承或者遗赠办理；有遗赠扶养协议的，按照协议

173

办理。

第一千一百二十七条 遗产按照下列顺序继承：

（一）第一顺序：配偶、子女、父母；

（二）第二顺序：兄弟姐妹、祖父母、外祖父母。

继承开始后，由第一顺序继承人继承，第二顺序继承人不继承；没有第一顺序继承人继承的，由第二顺序继承人继承。

本编所称子女，包括婚生子女、非婚生子女、养子女和有扶养关系的继子女。

本编所称父母，包括生父母、养父母和有扶养关系的继父母。

本编所称兄弟姐妹，包括同父母的兄弟姐妹、同父异母或者同母异父的兄弟姐妹、养兄弟姐妹、有扶养关系的继兄弟姐妹。

第一千一百三十条 同一顺序继承人继承遗产的份额，一般应当均等。

对生活有特殊困难又缺乏劳动能力的继承人，分配遗产时，应当予以照顾。

对被继承人尽了主要扶养义务或者与被继承人共同生活的继承人，分配遗产时，可以多分。

有扶养能力和有扶养条件的继承人，不尽扶养义务的，分配遗产时，应当不分或者少分。

继承人协商同意的，也可以不均等。

第一千一百三十二条 继承人应当本着互谅互让、和睦团结的精神，协商处理继承问题。遗产分割的时间、办法和份额，由继承人协商确定；协商不成的，可以由人民调解委员会调解或者向人民法院提起诉讼。

案例分析

1. 根据民法典第一千一百二十三条，当自然人死亡未留下遗嘱时应该按照法定继承相关规定予以处理。按照法定继承的相关规定，子女均可以作为第一顺序继承人进行继承。所以小歌的父亲打算独占所有遗产的想法是错误的，小歌的二叔及小歌的姑姑的继承权也应该得到保障。

2. 根据民法典第一千一百三十条，同一顺序继承人继承遗产的份额，一般应当均等。而对被继承人尽了主要扶养义务或者与被继承人共同生活的继承人，分配遗产时，可以多分。不尽扶养义务的，分配遗产时，应当不分或者少分。小歌的父亲虽然尽了主要的抚养义务，但对这笔遗产可以适量多分而不是全占，应当与小歌的二叔及小歌的姑姑按一定贡献比例进行分配。由于小歌的二叔对抚养义务的履行程度较弱，所以应当不分或少分。而小歌的姑姑因为身体原因劳动能力弱，属于"对生活有特殊困难又缺乏劳动能力的继承人，分配遗产时，应当予以照顾"的情况，应该予以一定的关照。

3. 在继承活动中继承人应当本着互谅互让、和睦团结的精神，协商处理继承问题。继承人之间可以通过协商的方式对被继承人的遗产进行合理分配，协商不成的，可以由人民调解委员会调解或者向人民法院提起诉讼。继承关系的处理应该尽量有利于营造和谐的家庭氛围与优良的社会环境氛围。

启示感悟

良好的继承关系对家庭环境与社会环境氛围的构建有着重要的意义，在面对继承关系的纠纷时应该避免因主观印象做出的行动。在维护自身的继承权时也要充分尊重他人的继承权，应该按照法律的规定对相关的继承关系进行梳理。要将不同主体对义务的履行程度与贡献程度及法律的规定结合起来，最终对遗产进行合理分配。

退休工人老张的妻子2012年去世，2020年患病的儿子也在家中意外猝死，邻居小吴忙前忙后帮着料理。2020年7月老张在家摔倒昏迷，被小吴发现后送医并照顾。出院之后老人便邀请小吴一家人搬进家中同住，照顾自己。同时老张作为遗赠人，小吴作为扶养人签订遗赠扶养协议，双方约定如下：第一，扶养人负责对遗赠人的生活照顾、疾病治疗、死后安葬，保证遗赠人的生活水平不低于扶养人。第二，遗赠人老张名下的位于陕西省西安市的房产在其死后转归扶养人小吴所有。同日该遗赠扶养协议经公证处公证。

几个月后，老张的姐姐听闻此事，认为老张的房产应该由家人继承而不是给外人。

《中华人民共和国民法典》

第一千一百五十八条 自然人可以与继承人以外的组织或者个人签订遗赠扶养协议。按照协议，该组织或者个人承担该自然人生养死葬的义务，享有受遗赠的权利。

案例分析

1. 老张与邻居小吴签订遗赠扶养协议，由小吴负责老张的生养死葬，老张的房产在其死后归小吴所有，这一协议是有效的。

2. 该协议经公证处公证，对房产的处理符合老张的意思表示，所以老张的姐姐无权反对，小吴有权继承该房产。

启示感悟

民法典进一步完善了遗赠扶养协议制度，适当扩大了扶养人范围，不再将主体只限定为有扶养关系的人，也不再将组织只限定为集体所有制组织。法律规定自然人可以与继承人以外的组织或者个人签订遗赠扶养协议，按照协议，该组织或者个人承担老年人的养老、死葬以及遗产处理等义务，并享有受遗赠的权利。这样既有利于防止老年人上当受骗，也有利于增强他们的晚年保障。

案例 77　夫妻共有财产继承处理之议

小昕的父亲昕某与母亲蒋某感情不和，于2017年开始分居，已经分居三年，但双方均未提出离婚。在此期间昕某与李阿姨相识，感情逐渐升温，两人在昕某尚未离婚的情况下同居，以夫妻相称。2020年3月，昕某被诊断为肝癌晚期，住院治疗期间由李阿姨进行照料，昕某对此甚为感动，于是在朋友的见证下，以录音录像形式立下遗嘱。遗嘱内容为昕某价值100万的房产、价值20万的车、银行存款40万均由李阿姨继承（后查明该房产属于昕某和蒋某共同财产，车辆属于蒋某个人所有、银行存款40万属于昕某个人所有）。昕某去世后，李阿姨要求继承上述财物，被小昕和蒋某拒绝。

《中华人民共和国民法典》

第八条 民事主体从事民事活动，不得违反法律，不得违背公序良俗。

第一千零四十二条 禁止包办、买卖婚姻和其他干涉婚姻自由的行为。禁止借婚姻索取财物。

禁止重婚。禁止有配偶者与他人同居。

禁止家庭暴力。禁止家庭成员间的虐待和遗弃。

第一千零六十一条 夫妻有相互继承遗产的权利。

第一千一百三十三条 自然人可以依照本法规定立遗嘱处分个人财产，并可以指定遗嘱执行人。

自然人可以立遗嘱将个人财产指定由法定继承人中的一人或者数人继承。

自然人可以立遗嘱将个人财产赠与国家、集体或者法定继承人以外的组织、个人。

自然人可以依法设立遗嘱信托。

第一千一百五十三条 夫妻共同所有的财产，除有约定的外，遗产分割时，应当先将共同所有的财产的一半分出为配偶所有，其余的为被继承人的遗产。

遗产在家庭共有财产之中的，遗产分割时，应当先分出他人的财产。

案例分析 ◢

1. 40 万元存款的继承问题。根据民法典第一千一百三十三条，自然人可以立遗嘱将个人财产赠与法定继承人以外的个人。但是，遗赠人行使遗赠权时不得违反法律，不得违背公序良俗。本案中价值40万元的存款是昕某个人所有的合法财产，昕某貌似"有权"将其赠与李阿姨，实际上，由于遗赠人昕某长期与李阿姨非法同居，是一种违法行为。遗赠人基于与李阿姨的非法同居关系而立下遗嘱，将其个人财产赠与李阿姨，是一种违反法律、违背公序良俗的行为，所以，该遗赠行为无效。

2. 价值20万元的车辆的继承问题。昕某将蒋某所有的车辆赠与李阿姨，根据民法典第一千一百三十三条，昕某仅有权处置个人财产，昕某处分了他人的财产，属于无权处分，遗嘱的这部分同样应当被认定为无效。

3. 价值100万元的房产的继承问题。该房产属于昕某与蒋某夫妻的共同财产。首先，根据民法典第一千一百三十三条、第一千一百五十三条，昕某仅有权处分个人财产。昕某在立遗嘱时未经共有人蒋某同意，单独对夫妻共同财产进行处理，侵犯了蒋某的合法权益，其无权处分的属于蒋某的价值50万元的房产部分，应属无效。其次，剩余价值50万元的房产，虽属于昕某个人所有，但由于其内容和目的违反了法律规定和公序良俗而归于无效。综上所述，价值100万元的房产，李阿姨无权继承。

启示感悟

遗嘱虽然注重强调公民个人的意思表示，但同样要在法律允许的范围内作出。公民所立的遗嘱应当与法律的规定及公序良俗（公共秩序与善良风俗）等规则相符合，在合乎法律合乎情理的情况下处置自己的财产及其他财物。

第七编

侵权责任

导语

　　侵权责任编是民法典第七大组成部分，调整因侵害民事权益产生的民事关系。从社会交往到经济活动，从交通事故到医疗纠纷，从现实损害到网络侵权，日常生活和民法典侵权责任编息息相关。

　　在校园散步时，被从高楼抛下的东西砸伤，却找不到抛东西的人，该怎么办？一起出游，发生交通事故由谁承担责任？宠物狗被他人牵走后咬伤路人，狗主人用不用担责？与同学进行体育活动导致同学受伤，由谁来承担责任……

　　打开民法典侵权责任编，更好地维护我们每个人的合法权益，品味更加美好的校园生活。

案例78 西北玄天一片云，砸中头来谁人赔

案情介绍

寒假小北与朋友外出游玩，回家途中路过梦声小区9号楼时被从天而降的花盆砸中。由于天黑小北未看清花盆从何处落下，警察在调查后也没有找到具体侵权人。小北此次受伤花费医疗费1.2万元。伤愈后，小北将整栋楼业主及梦声小区物业管理公司共同起诉至法院。法官最终判决其中的14户业主及物业管理公司共同承担补偿责任。

法典规定

《中华人民共和国民法典》

第一千二百五十三条 建筑物、构筑物或者其他设施及其搁置物、悬挂物发生脱落、坠落造成他人损害，所有人、管理人或者使用人不能证明自己没有过错的，应当承担侵权责任。所有人、管理人或者使用人赔偿后，有其他责任人的，有权向其他责任人追偿。

第一千二百五十四条 禁止从建筑物中抛掷物品。从建筑物中抛掷物品或者从建筑物上坠落的物品造成他人损害的，由侵权人依

法承担侵权责任；经调查难以确定具体侵权人的，除能够证明自己不是侵权人的外，由可能加害的建筑物使用人给予补偿。可能加害的建筑物使用人补偿后，有权向侵权人追偿。

物业服务企业等建筑物管理人应当采取必要的安全保障措施防止前款规定情形的发生；未采取必要的安全保障措施的，应当依法承担未履行安全保障义务的侵权责任。

发生本条第一款规定的情形的，公安等机关应当依法及时调查，查清责任人。

案例分析

1. 小北无法确认具体侵权人而将整栋楼业主诉至法庭是合理的。法官在对楼层及诸多人为因素综合考量后，决定由其中 14 户共同承担赔偿责任是完全合理的。

2. 由于物业管理公司未能尽到法律所规定的，对危险因素的规避义务与对住户的提醒义务，对于事故的发生也有着不可忽视的责任，所以也应该承担一定的责任。

启示感悟

随着民法典的出台，"高空坠物"的追责与治理有了更加可靠有效的规定。最重要的是为受害者提供了可行的追责方式，同时也为其他的"可能加害人"提供了自证清白从而获得免除责任的可能性。这样的处理方式，无疑是在现有条件下，实现对他人合法权益更有效的保护。希望大家在行使自己权利的同时，也要关注自己的社会责任，关注对他人权利与安全的尊重与保护。

案例 79　同乘车之连带责任

　　周末小悦和朋友乘坐出租车外出游玩，路过一商店，小悦准备下车采购物资，开车门时却不慎与驾驶电动车的张某发生碰撞。事故造成张某左腕关节功能部分丧失，评定为九级伤残。后市公安局交警支队作出《道路交通事故责任认定书》，认定出租车司机何某负事故的主要责任，乘客小悦负事故的次要责任。

185

《中华人民共和国民法典》

第一千一百六十八条 二人以上共同实施侵权行为，造成他人损害的，应当承担连带责任。

《中华人民共和国道路交通安全法实施条例》

第六十三条 机动车在道路上临时停车，应当遵守下列规定：

（一）在设有禁停标志、标线的路段，在机动车道与非机动车道、人行道之间设有隔离设施的路段以及人行横道、施工地段，不得停车；

（二）交叉路口、铁路道口、急弯路、宽度不足4米的窄路、桥梁、陡坡、隧道以及距离上述地点50米以内的路段，不得停车；

（三）公共汽车站、急救站、加油站、消防栓或者消防队（站）门前以及距离上述地点30米以内的路段，除使用上述设施的以外，不得停车；

（四）车辆停稳前不得开车门和上下人员，开关车门不得妨碍其他车辆和行人通行；

（五）路边停车应当紧靠道路右侧，机动车驾驶人不得离车，上下人员或者装卸物品后，立即驶离；

（六）城市公共汽车不得在站点以外的路段停车上下乘客。

第七十七条 乘坐机动车应当遵守下列规定：

（一）不得在机动车道上拦乘机动车；

（二）在机动车道上不得从机动车左侧上下车；

（三）开关车门不得妨碍其他车辆和行人通行；

（四）机动车行驶中，不得干扰驾驶，不得将身体任何部分伸出车外，不得跳车；

（五）乘坐两轮摩托车应当正向骑坐。

1. 根据民法典第一千一百六十八条，二人以上共同实施侵权行为，造成他人损害的，应当承担连带责任。此处的共同侵权，应根据双方是否具有共同过失来加以判断。很显然本案中小悦与出租车司机都具有一定的过失，所以符合承担连带责任的相关规定。

2. 共同过失是各行为人对损害后果具有共同的可预见性，但因疏忽大意或者过于自信等原因造成了同一损害后果。对于乘客而言，遵守相应的交通规则保护自身的安全也保护他人的安全，既有法律上的义务也有对社会公德的应然遵守。对司机而言，既有着道路交通安全条例规定的法定义务，也有着对乘客的安全保障的合同义务与提示义务。

而在本案中，无论是小悦还是出租车司机都未尽到相应的注意义务，最终导致了事故的发生。而对于责任的比例确定方面，在受害人自身无过错的条件下，应该综合考虑双方的过错程度以及对注意义务、提醒义务等义务的履行程度，最终确定各自对责任的承担比例。

启示感悟 ◢

承担连带责任的规定在某种方面强化了乘客与驾驶员之间的联系性，出于对自身安全与利益的保护，双方会更加遵守相应的规则，在不知不觉间将对注意义务、提示义务等义务的遵守度提升。安全无小事，希望大家遵守交通规则，文明出行、安全出行。

案例 80　吵架吵出轻伤

小迪与小凯是同宿舍舍友，某日两人因日常琐事引发纠纷，后在众人的劝阻下分开。当晚两人又一次发生争执，在争执过程中小凯不慎跌倒而骨折，构成轻伤一级。之后在公安机关的调查中双方各执一词，且无第三人在场，小凯遂将小迪诉至法庭。法院经审理认为两人因琐事发生纠纷，且小凯的受伤与小迪的行为有因果关系，所以小迪应当承担相应的责任，最终经综合考量，决定由其承担50%的赔偿责任。

法典规定

《中华人民共和国民法典》

第一千一百六十五条　行为人因过错侵害他人民事权益造成损害的，应当承担侵权责任。

依照法律规定推定行为人有过错，其不能证明自己没有过错的，应当承担侵犯责任。

第一千一百七十三条　被侵权人对同一损害的发生或者扩大有过错的，可以减轻侵权人的责任。

第一千一百七十九条　侵害他人造成人身损害的，应当赔偿医疗费、护理费、交通费、营养费、住院伙食补助费等为治疗和康复支出的合理费用，以及因误工减少的收入。造成残疾的，还应当赔偿辅助器具费和残疾赔偿金；造成死亡的，还应当赔偿丧葬费和死亡赔偿金。

案例分析

1. 虽然案件中已经构成行为人轻伤，但缺乏足够的证据来充分证明是因为小迪将小凯推倒最终导致小凯轻伤。根据刑法中罪刑法定的原则，在无充分证据的情况下，小迪不应负刑事责任。

2. 根据民法典的规定，小迪的行为已经对他人的民事权益造成损害，所以应当承担侵权责任。

3. 根据民法典的相关规定，行为人对因自己的行为造成的损害结果应当承担侵权责任，赔偿内容包括医疗费、护理费等，应视具体情况加以确认。若被侵权人也有过错，则可以减轻侵权人的责任。所以在本案中法院判处由小迪承担50%的责任，是合理的。

启示感悟

当遇上纠纷时建议大家多交流、多沟通，用理性的方式、合法的方式解决纠纷。我们应该知道每个人的自由都是有边界的，而在宿舍的集体生活中更应该互相尊重，尊重彼此的习惯，更尊重彼此的权利。在纠纷案件中，所有的权利都应得到尊重与保护。争执了无益，且行且珍惜。

案例 81 "自甘风险"多注意

对不起，你眼睛没事儿吧？

大学生小天非常喜欢打羽毛球，一日，小天照常在下课后与球友小桓结伴来到学校羽毛球馆，搭档打羽毛球。双方在一次争抢羽毛球的过程中，小桓拍打的羽毛球击中小天，导致小天的眼睛受伤。小天入院后进行紧急治疗，经历两次手术，但视力最终无法恢复如常，经司法鉴定为十级伤残。小天认为小桓应当为此承担责任，双方因此产生纠纷。

法典规定

《中华人民共和国民法典》

第一千一百七十六条 自愿参加具有一定风险的文体活动，因其他参加者的行为受到损害的，受害人不得请求其他参加者承担侵权责任；但是，其他参加者对损害的发生有故意或者重大过失的除外。

活动组织者的责任适用本法第一千一百九十八条至第一千二百

零一条的规定。

1. 根据民法典第一千一百七十六条，羽毛球运动作为具有一定风险性的文体活动，在此项活动中出现人身伤害事件属于可预见的。根据竞技体育活动的惯例，参与者一旦参加活动，应视为其自愿承担活动中的风险，并同意承担相应损害后果，只有在侵权人存在故意或重大过失时才承担侵权责任。

2. 小桓作为一名业余羽毛球运动爱好者，在其能力范围内接球，符合一般人对羽毛球运动规则的理解，在羽毛球运动中不能苛求其在接球的瞬间能够判断危险即将发生，而停止击球动作。小桓已经尽到了普通人的注意义务，并没有重大过失。小天与小桓作为羽毛球运动爱好者，双方互为球友，彼此之间平时关系融洽，不存在仇怨。小桓也不存在争抢球的过程中故意导致小天受伤的情形，所以，小桓主观方面不存在故意，因此小桓不应承担侵权赔偿责任。

3. 小天和小桓作为完全民事行为能力人，自愿参与羽毛球运动，应视为其同意风险自担。小天在与小桓搭档进行羽毛球运动导致小天眼睛受伤属于意外事件，对此双方都没有过错。

启示感悟

运动有风险，参与需谨慎。除了羽毛球，还有篮球、足球、冰球等运动，都属于具有一定风险的文体运动。自愿参加此类文体运动，应视为自愿承担活动中的风险，在对方没有故意或重大过失的情况下，就不必为此承担侵权责任。在进行体育活动时，应当提高警惕，防范意外风险，在保护自己的基础上合理进行体育锻炼。

> 我爸心脏出了事你得承担责任！

案情介绍

张某在校园内骑自行车时与 5 岁的小溪相碰撞，事故造成小溪额头出血并晕倒在地，张某见状想要骑自行车逃离现场，被下课路过的小波阻止。两人因此发生口角，谁知争吵中张某突然心脏骤停倒地，所幸因抢救及时并无大碍。张某的儿女得知此事气愤不已，要求小波为此承担责任。

法典规定

《中华人民共和国民法典》

第一千一百六十五条 行为人因过错侵害他人民事权益造成损害的，应当承担侵权责任。

依照法律规定推定行为人有过错，其不能证明自己没有过错的，应当承担侵权责任。

第一千一百七十七条 合法权益受到侵害，情况紧迫且不能及时获得国家机关保护，不立即采取措施将使其合法权益受到难以弥补的损害的，受害人可以在保护自己合法权益的必要范围内采取扣留侵权人的财物等合理措施；但是，应当立即请求有关国家机关处理。

受害人采取的措施不当造成他人损害的，应当承担侵权责任。

案例分析

1. 民法典第一千一百六十五条规定了对于一般侵权行为需要存在过错才能构成。小波在情况紧迫，难以及时有效获得国家机关保护的情形下，为了保护受伤儿童的权益，阻止张某离开现场。其所采取的劝阻方式和内容均在合理范围内，符合民法典第一千一百七十七条规定的自助行为权，并不存在过错。

2. 经查张某的心脏骤停是因为其自身疾病，与小波的劝阻行为没有法律上的因果关系，所以小波的行为不构成侵权行为，不必对张某承担责任。

启示感悟

无论是什么事情，我们都应该首先分清是非对错，并不是所有纠纷，都是"伤者为大"。近些年来许多案例都明白无误地表明了司法的态度，向社会公众明确传递出法律保护善人善举的信号，给整个社会注入一支正义凛然的强心剂，对劝阻人的善行和义举给予肯定和鼓励，因此，大学生不要担心助人为乐有官司缠身，要敢于见义勇为。

案例83 请赔"不止我的心"

小柒将出现故障的手机送至学校超市旁边的修理店进行修理。维修当日约定三天后来取，小柒当场支付了400元的维修费用。三天后小柒如约去取手机，但老板却借故推脱要再过几天才能修好。两天后小柒取回手机，但手机没用多久便再次死机，同时手机中他和爷爷（去世）的唯一合照也彻底丢失。当小柒前去索赔时，维修店老板却称是小柒的原因导致的，最多只能退一半的维修费。小柒就此事到本校法学系办公室寻求帮助。

法典规定

《中华人民共和国民法典》

第一千一百六十五条 行为人因过错侵害他人民事权益造成损害的，应当承担侵权责任。

依照法律规定推定行为人有过错，其不能证明自己没有过错的，应当承担侵权责任。

第一千一百八十三条　侵害自然人人身权益造成严重精神损害的，被侵权人有权请求精神损害赔偿。

因故意或者重大过失侵害自然人具有人身意义的特定物造成严重精神损害的，被侵权人有权请求精神损害赔偿。

第一千一百八十四条　侵害他人财产的，财产损失按照损失发生时的市场价格或者其他合理方式计算。

案例分析

1. 根据实际情况，维修店老板没有完成对"维修合同"的履行，所以维修店老板应对维修费进行部分或完全返还。若因自身过错造成其他的损失，还应对其他的民事损失予以赔偿。

2. 本案中尚无法确认手机的死机问题到底是早已有之还是维修导致，所以手机自身的赔偿并无充分理由支持。

3. 根据民法典第一千一百八十三条，被侵权人有权就特定的民事损失请求精神损害赔偿。影像信息的丢失，必然会给小柒的精神造成伤害。应当对当地的经济发展水平、维修店过错程度及为其带来的精神损害程度综合考虑后，对小柒进行精神损害赔偿。

启示感悟

民法典对于人们合法权益的保护不仅在于物质层面，还包括精神层面。当我们的合法权益受到损害时，应该做好对相应证据的保留，同时在必要情况下可以寻求法律的保护。对于各自责任与损失赔偿的确认，则需将实际情况同法律规定相结合，切忌主观臆断。我们不可忽视对合法权益的保护，也不可为了赔偿而巧立名目。在民法慈母般的眼中，每个人的合法权益都同等重要。

案例 84　网络并非法外之地

案情介绍

　　小南与小越由于生活琐事发生纠纷后，小越对小南心怀怨念。于是小越在朋友圈发布文章，虚构小南考试作弊以获取奖学金的事，造成小南名誉受损。小南得知此事后，认为这有损自己的形象，便要求小越将朋友圈发布的文章删除，同时对自己公开道歉。而小越则不以为然，认为这是对小南的惩罚。两人多次协商未果，矛盾因此进一步激化。

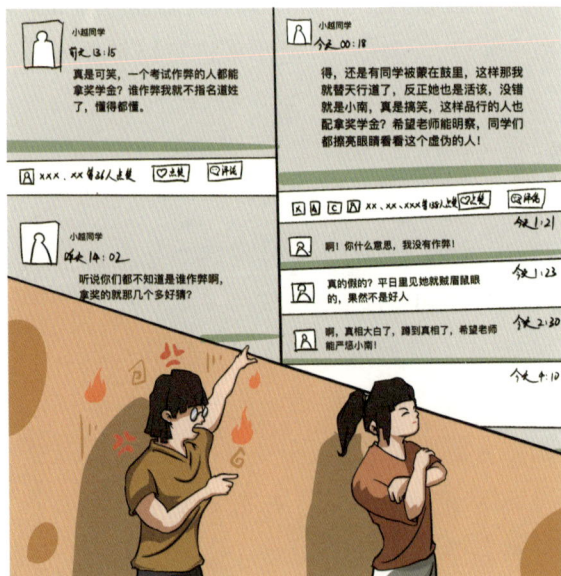

《中华人民共和国民法典》

第一百七十九条　承担民事责任的方式主要有：

（一）停止侵害；

（二）排除妨碍；

（三）消除危险；

（四）返还财产；

（五）恢复原状；

（六）修理、重作、更换；

（七）继续履行；

（八）赔偿损失；

（九）支付违约金；

（十）消除影响、恢复名誉；

（十一）赔礼道歉。

法律规定惩罚性赔偿的，依照其规定。

本条规定的承担民事责任的方式，可以单独适用，也可以合并适用。

第一千一百六十七条　侵权行为危及他人人身、财产安全的，被侵权人有权请求侵权人承担停止侵害、排除妨碍、消除危险等侵权责任。

第一千一百九十四条　网络用户、网络服务提供者利用网络侵害他人民事权益的，应当承担侵权责任。法律另有规定的，依照其规定。

1. 本案中，小越故意捏造不实信息来中伤小南，无疑是对小南名誉权等权益的侵害。根据民法典第一千一百九十四条，网络用户利用网络侵害他人民事权益的，应当承担侵权责任。

2. 此次案情仍处于民法典规定的范畴，小越应按照相应的规定停止侵害，同时消除影响、恢复名誉。若有必要还需要进行赔礼道歉并对造成的损失进行补偿。若情节更加严重，则有可能构成侮辱、诽谤罪，便需要承担刑事责任。

启示感悟 ◢

> 网络并非法外之地，在网络的虚拟生活中也要注意法律与社会公德的约束。一旦不慎侵害了他人的合法权益，一定要及时补救。及时回头，或可以免责。而当自己的合法权益在网络中受到了不法侵害，可以与个人或平台先行协商寻求帮助，若实在无法避免，也可以拿起法律武器来保护自己。

案例 85　谁的劳务，谁的"伤"？

　　小泽利用课业空闲进行兼职工作，为"好再来"饭店派送校园的外卖订单。一日，小泽因为订单派送即将超时，于是骑车速度较快，在躲避突然窜出的野猫时，不慎撞倒正常走路的小欣，造成小欣左臂骨折。事后，小欣向小泽索要赔偿，小泽却多次推脱不理。

撞了人，这可怎么办！

法典规定

《中华人民共和国民法典》

　　第一千一百九十二条　个人之间形成劳务关系，提供劳务一方因劳务造成他人损害的，由接受劳务一方承担侵权责任。接受劳务一方承担侵权责任后，可以向有故意或者重大过失的提供劳务一方追偿。提供劳务一方因劳务受到损害的，根据双方各自的过错承担相应的责任。

　　提供劳务期间，因第三人的行为造成提供劳务一方损害的，提供劳务一方有权请求第三人承担侵权责任，也有权请求接受劳务一方给予补偿。接受劳务一方补偿后，可以向第三人追偿。

1. 在本案中，小泽是"好再来"饭店的外卖骑手，小泽与"好再来"饭店之间形成了劳务关系。根据民法典第一千一百九十二条，小泽在送外卖的途中造成小欣受伤，应当由接受劳务的"好再来"饭店承担侵权责任，赔偿小欣的损失。

2. "好再来"饭店在赔偿小欣的损失后，在小泽对于事故的发生不具有故意或者重大过失的情况下，"好再来"也不能向小泽追偿，最终只能由"好再来"饭店独自承担赔偿责任。

启示感悟

首先，生命安全高于一切，外卖配送事故频发，不仅威胁自身安全，也严重威胁着他人的生命安全。外卖骑手应当牢固树立安全第一的信念，严格遵守交通法规，这样就能在很大程度上减少事故的发生。其次，外卖平台激励机制不合理和晚点惩罚过重，也是导致外卖骑手频出事故的原因之一，要解决这个问题，平台应该担负起责任，完善配送时间计算体系以及外卖配送人员的薪酬管理机制，给他们更多基本保障。最后，骑手也应当遵守交通法规，安全文明出行，佩戴安全头盔，不超速、不闯红灯，既保护了自己，也保护了他人。

案例86 健身房事件

案情介绍

为锻炼身体，小杰花 1000 元在校外的健身房办了一张健身卡。在第一次体验健身服务时，没有教练给小杰进行现场指导，也没有人告知小杰使用健身器材的注意事项，结果小杰健身时被器材夹伤。小杰觉得是健身房的过错致使自己受伤，遂向健身房的经营者要求赔偿。健身房的经营者却称是小杰自己经验不足导致受伤，与健身房无关。

哎呦，我的手！

法典规定

《中华人民共和国民法典》

第一千一百九十八条 宾馆、商场、银行、车站、机场、体育场馆、娱乐场所等经营场所、公共场所的经营者、管理者或者群众性活动的组织者，未尽到安全保障义务，造成他人损害的，应当承担侵权责任。

因第三人的行为造成他人损害的，由第三人承担侵权责任；经营者、管理者或者组织者未尽到安全保障义务的，承担相应的补充责任。经营者、管理者或者组织者承担补充责任后，可以向第三人追偿。

《中华人民共和国消费者权益保护法》

第十八条　经营者应当保证其提供的商品或者服务符合保障人身、财产安全的要求。对可能危及人身、财产安全的商品和服务，应当向消费者作出真实的说明和明确的警示，并说明和标明正确使用商品或者接受服务的方法以及防止危害发生的方法。

宾馆、商场、餐馆、银行、机场、车站、港口、影剧院等经营场所的经营者，应当对消费者尽到安全保障义务。

案例分析

1. 经营场所或公共场所的经营者，应该对消费者尽到相应的安全保障义务与危险警示义务，若因未尽到相应义务而造成他人损害的，应当承担侵权责任。

2. 在本案中，健身房教练并未对小杰进行专业器材的使用指导，同时也未对相应的风险性进行明确指出；小杰健身时，也没有工作人员进行提醒劝告。所以有充分理由表明，健身房并未尽到自身的安全保障义务，应该承担侵权责任，对小杰的受伤损害进行赔偿。

启示感悟

体育锻炼存在一定受伤的风险，作为经营性或其他有法定义务的经营者应该加强自身的责任意识，尽到法律规定的安全保障义务，为来往人员提供有保障的安全措施。安全无小事，同学们在进行相应风险活动时一定要遵守相应的安全规定，合理操作、安全操作。

案例87 飞来横祸——产品质量严把关

小可与小乐在学校超市买了一副羽毛球拍，搭档打羽毛球。打羽毛球过程中，小可发现羽毛球拍把手与球杆连接处略有松动，于是返回超市要求老板退换，老板认为这只是小问题不同意退换，只是用透明胶带缠了两圈。小可与小乐返回羽毛球馆继续打球，几分钟后，小可手中的羽毛球拍突然断裂，并且砸中了路过的小珍的头部，造成其头部受伤。小珍的父母要求小可和超市老板承担责任。

203

《中华人民共和国民法典》

第一千一百六十五条 行为人因过错侵害他人民事权益造成损害的，应当承担侵权责任。

依照法律规定推定行为人有过错，其不能证明自己没有过错的，应当承担侵权责任。

第一千二百零三条 因产品存在缺陷造成他人损害的，被侵权人可以向产品的生产者请求赔偿，也可以向产品的销售者请求赔偿。

产品缺陷由生产者造成的，销售者赔偿后，有权向生产者追偿。因销售者的过错使产品存在缺陷的，生产者赔偿后，有权向销售者追偿。

第一千二百零四条 因运输者、仓储者等第三人的过错使产品存在缺陷，造成他人损害的，产品的生产者、销售者赔偿后，有权向第三人追偿。

第一千二百零七条 明知产品存在缺陷仍然生产、销售，或者没有依据前条规定采取有效补救措施，造成他人死亡或者健康严重损害的，被侵权人有权请求相应的惩罚性赔偿。

案例分析 ◢

1. 小可发现所使用的羽毛球拍出现松动后，在超市老板用胶带缠了两圈后就继续使用，对于球拍可能断裂飞出去砸到他人的结果，应当有所预见，但是由于小可疏忽大意而未能预见到，属于疏忽大意的过失，根据民法典第一千一百六十五条，小可对小珍受伤应当承担一部分责任。

2. 小可购买的羽毛球拍存在质量问题，根据民法典第一千二百零三条，因羽毛球拍存在缺陷造成小珍损害的，小珍的父母可以向羽毛球拍的生产者请求赔偿，也可以向羽毛球拍的销售者，即超市老板请求赔偿。

如果羽毛球拍的缺陷是生产厂家造成的，超市老板向小珍父母赔偿后，有权向生产厂家追偿。如果瑕疵是超市老板造成的，厂家向小珍父母赔偿后，可以向超市老板追偿。

根据民法典第一千二百零四条，如果羽毛球拍的缺陷是在运输、仓储等过程中形成的，那么厂家、超市老板向小珍父母赔偿后，可以向运输者等第三人追偿。

3. 根据民法典第一千二百零七条，超市老板在发现羽毛球拍存在缺陷后，仍然不予退换，属于法律规定当中"明知产品存在缺陷仍然销售"的情形。即使超市老板采取了用透明胶带缠绕松动处两圈的方法，也不属于法律所规定的"有效补救措施"，在这种情况下，小珍及其父母有权请求其承担相应的惩罚性赔偿，即除实际所遭受的损害以外要求额外赔偿。

启示感悟

对于产品的生产者、销售者来说，产品质量必须排在第一位，生产者与销售者应该对自己经手的每一份产品负责。有缺陷的产品，既伤人，也伤己。安全无小事，每一个环节都应该严格把关。对于消费者来说，发现产品存在缺陷后，一定要及时要求退换或修理，即使难以退换，也千万不能抱着侥幸心理继续使用该产品。损失财物事小，健康与安全应该时刻放在第一位。

案例 88　你的车？不，是你的"锅"

　　某日小星为避免上课迟到，于是借了室友小天的摩托车赶去上课。室友小天明知小星没有摩托车驾驶证，还是答应了小星，把摩托车借给他。谁知骑行途中由于速度过快，小星来不及避让正常走路去上课的小柳，小柳被撞倒在地，导致小腿骨折，手机被摔坏。

206

《中华人民共和国民法典》

第一千二百零九条　因租赁、借用等情形机动车所有人、管理人与使用人不是同一人时，发生交通事故造成损害，属于该机动车一方责任的，由机动车使用人承担赔偿责任；机动车所有人、管理人对损害的发生有过错的，承担相应的赔偿责任。

案例分析 ◢

1. 根据民法典第一千二百零九条，小星借用小天的摩托车撞伤了他人，在摩托车的所有人与使用人不是同一人的情况下，应该由机动车的使用人小星承担相应的赔偿责任。

2. 本案中，小天明知小星没有摩托车驾驶证，仍然将摩托车出借给小星，那么小天对于损害的发生也是有过错的，所以小天也应该承担相应的赔偿责任。

启示感悟 ◢

　　借车事小，责任事大。给朋友帮忙借车本无可厚非，但作为机动车所有人或管理人应谨慎，最好不要错借，否则也要承担相应的法律责任。此外，驾驶机动车，应当依法取得机动车驾驶证，合法驾驶，安全驾驶。无证驾驶害人害己，现实中发生的许多惨剧，都为我们敲响安全的警钟。

案例89 这很"不机车"

咕，钥匙给你

好得快修理部

好的，老板！

大二学生小灯，为方便出行,他在"好得快修理部"，购买了一辆价值约一万元的摩托车。小灯与修理部老板当场钱货两清，并且约定第二天便去办理过户手续。小灯提到机车就骑行，谁知由于缺乏经验，刚出门便与其他车辆发生剐蹭。小灯认为尚未办理过户手续，所以车主仍旧是修理部老板，应由修理部老板进行赔偿。修理部老板当然不同意，两人便起了争执。

法典规定

《中华人民共和国民法典》

第一千二百零八条 机动车发生交通事故造成损害的，依照道路交通安全法律和本法的有关规定承担赔偿责任。

第一千二百零九条　因租赁、借用等情形机动车所有人、管理人与使用人不是同一人时，发生交通事故造成损害，属于该机动车一方责任的，由机动车使用人承担赔偿责任；机动车所有人、管理人对损害的发生有过错的，承担相应的赔偿责任。

第一千二百一十条　当事人之间已经以买卖或者其他方式转让并交付机动车但是未办理登记，发生交通事故造成损害，属于该机动车一方责任的，由受让人承担赔偿责任。

案例分析

1. 小灯与修理部老板的买卖合同效力已经成立，不因未办理过户登记手续而受到影响，所以小灯已经取得该机车的所有权。

2. 事发当时小灯是该机车的实际控制者，且具体的损害结果也是由小灯的行为所导致的。损害行为与损害结果具有相当的因果关系，所以主要的侵权责任应该由小灯承担。

3. 根据民法典第一千二百一十条，无论是机车自身的损害还是交通事故的责任都应由小灯承担。

启示感悟

无论任何时候，我们都应该小心驾驶，以避免不必要的损失，既包括钱财，也包括生命健康。若发生事故，更应当勇于承担责任，在相关部门的指导下，合法、合规地予以处置。法律是公平的，应该承担责任的人跑不掉，不该承担责任的人也不会成为"替罪羔羊"。

案例 90 "好兄弟带带我"——上车

　　"好兄弟上分吗，带带我！"这是小北和小拓的日常对话之一。小北和小拓是老乡，2020年寒假，两人便约定由小拓的父亲将他们一起带回家。谁知行至半途由于下雪能见度低且道路湿滑引发了交通事故，事故造成车辆受损，车上三人不同程度受伤。之后，小北认为自己不能白白受伤，便要求小拓的父亲进行赔偿。小拓父亲认为自己一片好心，怎么还要赔偿呢？一时间两家闹得很不愉快。

第一千二百一十七条　非营运机动车发生交通事故造成无偿搭乘人损害，属于该机动车一方责任的，应当减轻其赔偿责任，但是机动车使用人有故意或者重大过失的除外。

案例分析

1.应该明确，"好意同乘"发生事故与"收费式"的搭乘发生事故后的处理规则，是有所差别的。

2.根据民法典第一千二百一十七条，对于非营运机动车发生交通事故造成无偿搭乘人损害，属于该机动车一方责任的，仅可以适当减轻责任，而非全部免除。小拓的父亲尽管是出于好意，但由于未尽到安全驾驶义务，由于自己的原因造成了损害结果，所以小拓的父亲应该对小北的损失进行一定的赔偿。

启示感悟

　　"好兄弟带带我"在平时可能是一句戏言，而当与特定行为搭配便有可能在双方之间构筑起法律的联系。"好意同乘"这种助人为乐的美德值得弘扬。但不一定好心办好事，如果不幸发生意外，也请坐下来一起解决，一起寻求解决的方式。双方可以采取协商的方式对事情进行合理解决。好意为美德，谅解亦如是。责任莫逃避，携手共前行。

赵某是一名爱狗人士，于是便通过正常手续饲养了一只哈士奇。某日，赵某牵狗来到附近的大学游玩，在和朋友交谈的过程中，无意间狗绳脱手，哈士奇将正在跑步的学生小嘉咬伤。小嘉在打完狂犬疫苗后，根据学校保卫处提供的线索找到赵某，要求其进行赔偿。

《中华人民共和国民法典》

第一千二百条 限制民事行为能力人在学校或者其他教育机构学习、生活期间受到人身损害，学校或者其他教育机构未尽到教育、管理职责的，应当承担侵权责任。

第一千二百四十六条 违反管理规定，未对动物采取安全措施造成他人损害的，动物饲养人或者管理人应当承担侵权责任；但是，能够证明损害是因被侵权人故意造成的，可以减轻责任。

案例分析 ◢

1. 根据民法典第一千二百四十六条，宠物饲养人未对宠物采取安全措施造成他人损害的，应当承担侵权责任。在本案中赵某未及时对饲养的犬类采取安全措施，最终导致小嘉被咬伤。因赵某未尽到相应的职责，所以应当承担侵权责任并对小嘉进行赔偿。

2. 应该注意的是，若被咬伤的小嘉为限制民事行为能力人，则学校有可能因未尽到相应的管理职责，而承担一定的侵权责任。所以面对"宠物进校"情况，学校也应该发挥自身的作用，切实保护师生安全。

启示感悟 ◢

有爱心是一件好事，但一定要注意爱心有时也包含着义务与责任，应该切实尽到相应的职责。个人自由应该是有限度的，我们在自由生活时，不妨也从责任与边界的角度去看问题，或许会有更多的收获。

案例 92 猛兽不识人情，规则就是安全线

案情介绍

大学生小凯与小雨相约去野生动物园游玩，在售票处得知门票价格是130元／人时，觉得价格有些贵。于是小凯和小雨躲过巡逻人员，翻越4米高的动物园外围墙，又无视"内有猛虎，请勿翻越"的警示标志，将铁网剪破钻过铁网，再爬上同样具有警示标志的3米高且装有70厘米网格铁栅栏的老虎散养区围墙，一起跳入老虎散养区。老虎发现后追咬，两人受重伤。小凯与小雨的父母认为这是动物园的责任，遂要求其进行赔偿。动物园方对事故深感抱歉，但拒绝赔偿。

214

《中华人民共和国民法典》

第一千二百四十八条 动物园的动物造成他人损害的，动物园应当承担侵权责任；但是，能够证明尽到管理职责的，不承担侵权责任。

案例分析 ◢

1. 根据民法典第一千二百四十八条，动物园的动物造成他人损害属于过错推定原则，只有动物园能够证明动物园一方尽到了相应的管理职责，才能够免责。

2. 本案中，动物园派有专人巡逻检查，同时设置了三道防线，并且都标有警示标志，动物园方面已经采取了应该采取的所有措施，尽到了管理职责。所以，在本案中，动物园方不承担侵权责任。

启示感悟 ◢

　　无论技术怎样进步、社会如何发展，规则都是"基础设施"。本案中发生的严重结果，就源于对规则的漠视。小到校规校纪，大到宪法法律，无论是哪一种规则，我们都需要用敬畏之心去面对。不守规则看似有益，实则潜藏危害，只有让规则意识深入人心，才能更好地守护我们的生活。

　　一日，小宇去找朋友小杰，推开门才发现小杰并不在家，但是小杰所养的哈士奇被关在屋内的笼子里，于是小宇打开笼子将狗牵走，去附近的大学校园遛狗。途中小宇没有拉紧狗绳，狗挣脱跑走，而拖在地上的狗绳不慎将正在散步的学生秦奕绊倒，导致秦奕左臂骨折。事后，秦奕向小宇索要赔偿，但是被小宇拒绝。小宇认为小杰为狗主人，应当由小杰赔偿。

法典规定

《中华人民共和国民法典》

　　第一千二百四十五条　饲养的动物造成他人损害的，动物饲养人或者管理人应当承担侵权责任；但是，能够证明损害是因被侵权人故意或者重大过失造成的，可以不承担或者减轻责任。

　　第一千二百四十九条　遗弃、逃逸的动物在遗弃、逃逸期间造成他人损害的，由动物原饲养人或者管理人承担侵权责任。

第一千二百五十条　因第三人的过错致使动物造成他人损害的，被侵权人可以向动物饲养人或者管理人请求赔偿，也可以向第三人请求赔偿。动物饲养人或者管理人赔偿后，有权向第三人追偿。

案例分析

1. 根据民法典第一千二百四十五条，饲养的动物造成他人损害的，动物饲养人或者管理人应当承担侵权责任。

2. 本案中，小宇将小杰的狗从狗笼中牵出，小宇就成了实际管束控制该狗的管理人，所以，小宇在遛狗时不慎让狗脱离其控制，未尽到管理人的义务。狗绳绊倒秦奕致其受伤，而秦奕并没有故意或者重大过失，小宇应当承担全部的赔偿责任。小杰虽然是狗主人，但小宇私自进入小杰家，将狗从狗笼中牵出，而小杰并不知情，且尽到了相应的管理职责，所以狗主人小杰不需要承担责任。

启示感悟

宠物伤人事件时有发生，宠物饲养人、管理人应当重视自身责任与义务，做好监管工作，文明饲养宠物，不养法律禁止饲养的宠物，防止伤人事件发生。而未成年人家长需要向孩子普及相关知识，不要随意逗弄陌生宠物，一旦被宠物咬伤或抓伤应当立即告知家长，按规定接种狂犬疫苗。

217

案例94　安全之事，不止"自扫门前雪"

　　寒假期间小新在路过梦声小区 6 号楼时被楼顶掉落的冰坨砸伤（物业服务协议中约定了对共用部位、公共设施的维护管理义务）。小新受伤后，被送至市第一人民医院住院治疗，医院诊断为头部外伤，经司法鉴定构成九级伤残。小新的父母要求梦声小区物业为此承担责任。

《中华人民共和国民法典》

第一千二百五十三条 建筑物、构筑物或者其他设施及其搁置物、悬挂物发生脱落、坠落造成他人损害，所有人、管理人或者使用人不能证明自己没有过错的，应当承担侵权责任。所有人、管理人或者使用人赔偿后，有其他责任人的，有权向其他责任人追偿。

案例分析 ◢

1. 本案中，小区物业与业主签订的物业服务协议中约定了对共用部位、共用设施设备的维修养护管理义务。因此，梦声小区物业依法依约应当负责清除楼顶冰坨，可见其未尽到相应的管理义务。

2. 根据民法典第一千二百五十三条的规定，物业公司承担管理人责任。小新所受损害是梦声小区 6 号楼楼顶冰坨掉落砸伤所导致的，梦声小区物业不能证明自己对原告被坠落冰坨砸伤没有过错，本案适用过错推定原则，推定小区物业存在管理人责任，应承担赔偿责任。

启示感悟 ◢

冰坨突然落下砸伤路人的事件频频发生，看似是无主物闯下大祸，实则背后另有"黑手"。在现实案例中，有的是小区物业承担责任，有的则是房屋使用人、所有人共同承担责任。因为一时的偷懒、省事，反而造成了难以弥补的后果。警钟长鸣，让我们清除安全隐患，筑牢安全防线。

案例95　天降"猛"犬——天灾还是人祸

小栀晚饭后准备去超市购物，路过小区3号楼时，猛然看到一只小狗从高空坠下，小栀闪躲时摔倒在地，导致左臂擦伤、手机摔坏。经查，小狗是3号楼309室饲养，是周某与狗主人小六吵架时，将小六的狗从阳台扔下去，导致小栀闪躲时受伤。面对这样的情况，小栀一时间不知该由谁来承担责任。

法典规定

《中华人民共和国民法典》

第一千二百五十四条　禁止从建筑物中抛掷物品。从建筑物中抛掷物品或者从建筑物上坠落的物品造成他人损害的，由侵权人依法承担侵权责任；经调查难以确定具体侵权人的，除能够证明自己不是侵权人的外，由可能加害的建筑物使用人给予补偿。可能加害的建筑物使用人补偿后，有权向侵权人追偿。

物业服务企业等建筑物管理人应当采取必要的安全保障措施防止前款规定情形的发生；未采取必要的安全保障措施的，应当依法承担未履行安全保障义务的侵权责任。

发生本条第一款规定的情形的，公安等机关应当依法及时调查，查清责任人。

案例分析

1. 关于狗是否属于物品的问题，首先，参照交通肇事案，狗被汽车轧死是按照物品赔偿的；其次，无论是狗等活物还是花盆、玻璃等死物，其主人均对其有监管、防止其危害公共安全和他人人身财产安全的义务。狗从上而坠砸中行人则是监管不到位的缘故，相关主体应当承担相应法律责任；此外，无论是狗还是其他物品，其坠落对于受害人的伤害是相同的，同样危及了公共安全和他人的人身财产安全，将高空坠狗与一般的高空坠物相同处理是符合立法本意的。所以，本案可以适用民法典第一千二百五十四条。

2. 根据民法典第一千二百五十四条，周某将小狗从三楼阳台抛下，导致小栀受伤和财物受损，所以应当由周某承担侵权责任，赔偿小栀的损失。小六作为狗主人，因为本案并不属于民法典第一千二百四十五条"饲养的动物造成他人损害"的情形，所以不需要承担责任。

启示感悟

近年来，高空抛物造成的悲剧屡见不鲜，走在路上就有可能遭遇飞来横祸。高空抛物的杀伤力极大，哪怕小到一个鸡蛋，也能爆发出巨大的威力，猝不及防给人致命一击。维护"头顶安全"，需要每一个人都充分意识到高空抛物的危害性，这种行为，不仅不道德，更是违法的，随意高空抛物，严重情况下可构成犯罪。

　　小涛在下课后前往学校二食堂三楼吃饭，小心翼翼地端着饭菜寻找座位时，被身后一边玩手机一边走路的小东撞了一下，由于食堂地面油滑，小涛难以保持平衡，手中的饭菜泼到了在食堂用餐的小鸿身上，导致小鸿手被烫伤，衣服被毁。

《中华人民共和国民法典》

第一千一百六十五条 行为人因过错侵害他人民事权益造成损害的，应当承担侵权责任。

依照法律规定推定行为人有过错，其不能证明自己没有过错的，应当承担侵权责任。

第一千一百七十五条 损害是因第三人造成的，第三人应当承担侵权责任。

第一千一百九十八条 宾馆、商场、银行、车站、机场、体育场馆、娱乐场所等经营场所、公共场所的经营者、管理者或者群众性活动的组织者，未尽到安全保障义务，造成他人损害的，应当承担侵权责任。

因第三人的行为造成他人损害的，由第三人承担侵权责任；经营者、管理者或者组织者未尽到安全保障义务的，承担相应的补充责任。经营者、管理者或者组织者承担补充责任后，可以向第三人追偿。

案例分析 ◢

1. 在本案中，小东在人来人往的学生食堂一边走路一边玩手机，撞到了端着饭菜的小涛，导致小鸿遭受人身和财产损失。根据民法典第一千一百六十五条、第一千一百七十五条，小鸿的损失是第三人小东造成的，所以应当由小东承担侵权责任。

2. 虽然是小涛直接将饭菜撒到了小鸿身上，但是小涛尽到了相应的注意义务，是由于来自身后的撞击，再加上食堂地面油滑使小涛失去平衡，导致小鸿遭受了损失，根据民法典第一千一百六十五条，小涛对此不存在过错，所以不需要承担侵权责任。

3.在本案中，食堂地面油污太过光滑是小鸿遭受损失的另一个原因。根据民法典第一千一百九十八条，食堂的经营者、管理者未尽到安全保障义务，应当承担补充责任，在小东的财产不足以赔偿小鸿的损失时，由食堂来承担补充清偿的责任。

启示感悟

目前，手机成了生活的必备品，很多人经常边用手机边走路。而走路用手机不仅会损伤视力，还会使注意力分散，带来各种安全隐患。这不仅是对自己的不负责任，而且可能会对他人造成危害。安全排第一，莫当低头族。

案例 97　莫"恨"天高，你本来就很美

　　大三学生小飞一直对自己身高不够180厘米而不满。某日逛街时，小飞看到某医疗美容医院宣传其可以进行断骨增高手术。小飞当即前往了解，并且当天就与该美容机构定下了手术时间。手术后，小飞却没有像美容机构说的那样增高到185厘米，反而双腿疼痛难忍。经诊治发现小飞外固定支架钉道出现了严重的感染，进一步引起骨髓炎，情况严重甚至可能面临终身残疾。小飞一时间悔不当初，只希望该美容机构可以赔偿自己的损失让他可以去治疗双腿。

《中华人民共和国民法典》

第一千二百一十八条 患者在诊疗活动中受到损害，医疗机构或者其医务人员有过错的，由医疗机构承担赔偿责任。

第一千二百二十一条 医务人员在诊疗活动中未尽到与当时的医疗水平相应的诊疗义务，造成患者损害的，医疗机构应当承担赔偿责任。

第一千二百二十二条 患者在诊疗活动中受到损害，有下列情形之一的，推定医疗机构有过错：

（一）违反法律、行政法规、规章以及其他有关诊疗规范的规定；

（二）隐匿或者拒绝提供与纠纷有关的病历资料；

（三）遗失、伪造、篡改或者违法销毁病历资料。

案例分析 ◢

1.根据民法典第一千二百一十八条、第一千二百二十二条，医疗机构违反法律、行政法规、规章以及其他有关诊疗规范的规定，推定医疗机构具有过错，应当赔偿患者在诊疗活动中受到的损害。

《卫生部关于对"肢体延长术"实施严格管理的通知》规定：肢体延长术必须在符合条件的医疗机构进行。肢体延长术是一项骨科临床治疗技术，不属医疗美容项目，医疗美容机构不得开展此项技术。开展该项技术的医疗机构，应为具备条件的三级综合医院或骨科专科医院，具有卫生行政部门批准的"骨科"诊疗科目。而本案中，该医疗美容机构并不具有实施"肢体延长术"的资格，违规对小飞实施了"肢体延长术"，可以推定该机构对小飞在医疗活动中受到的损害具有过错，应当承担赔偿责任。

2. 根据民法典第一千二百一十八条、第一千二百二十一条，小飞术后出现感染，说明该医疗美容医院的医务人员在诊疗活动中未尽到与当时的医疗水平相应的诊疗义务，所以该医疗机构应当承担赔偿责任。

启示感悟

断骨增高不可取，爱惜身体是第一。我国已把"肢体延长术"认定为是一种治疗手术，而不是医疗美容项目。手术风险巨大，由此引发的事故不胜枚举。面对国家明文禁止的断骨增高手术，无论任何机构宣传得多么天花乱坠都不可信，切莫出了手术事故才追悔莫及！

案例 98　天冷路滑，"小心脚下"

　　按照卫生清洁管理规定，保洁阿姨在下班前将楼道卫生清洁完毕，并且放置了"守护卫生靠大家，天冷小心路湿滑"的提示牌。而当天晚上住在 9 号楼的小北同学去洗漱时滑倒，造成左手软组织挫伤。本以为是保洁阿姨打扫不彻底导致，后来发现是同寝室的三西为了省事将泡面桶直接扔在地上，汤汁溢出造成地面湿滑，最终导致小北摔倒。小北一时间气愤不已，便要求三西赔偿。而三西则认为是小北走路不注意，与自己无关，双方一时间争执不休。

《中华人民共和国民法典》

第一千二百五十六条 在公共道路上堆放、倾倒、遗撒妨碍通行的物品造成他人损害的，由行为人承担侵权责任。公共道路管理人不能证明已经尽到清理、防护、警示等义务的，应当承担相应的责任。

案例分析

1. 根据民法典第一千二百五十六条，在公共道路上堆放、倾倒、遗撒妨碍通行的物品造成他人损害的，由行为人承担侵权责任。

2. 很显然是因为三西倾倒的汤汁导致小北摔倒，所以三西应对小北承担侵权责任并且进行赔偿。而保洁阿姨作为直接负责人已经尽到了自己相应的清理、防护、警示等义务，所以对摔伤事件不应该承担责任。

启示感悟

责任一定是与行为相联系的，只有实施了相应的行为、产生了损害结果且两者之间存在因果关系，行为人才应当承担责任。所以在遇到损害事件时，一定要明确事件的责任人。既不冤枉无辜的人，也不可放过有责的人。只有这样，才能让每个人既拥有行为自由，也不妨害他人。

案例99 草木本有心，何堪少年折

春天到了，某公园的樱花盛开，公园管理方将开花路段封闭不许车辆通行，同时也做好了安全提示，以供游人更好地观赏。小南同学见盛开的樱花欣喜不已，便翻越围栏去攀折，谁知竟被折断的树枝刮伤脸部。小南找到公园后勤管理部门要求赔偿。

《中华人民共和国民法典》

第一千二百五十七条 因林木折断、倾倒或者果实坠落等造成他人损害，林木的所有人或者管理人不能证明自己没有过错的，应当承担侵权责任。

案例分析 ◢

1. 根据民法典第一千二百五十七条，公园对林木具有一定的责任与义务，若因林木问题造成他人损害，公园又不能证明自己没有过错，就应当承担侵权责任。

2. 本案中公园已经尽到了相应的提示与保障义务无需赔偿。而小南却不顾提示与阻拦前去攀折树木，最终造成了自己受伤。所以应该由小南自行承担责任，若有必要还需对受损树木进行赔偿。

启示感悟 ◢

　　春暖人间，花开一季。无论是林木的所有人、管理人还是观赏者都应该遵守相应的秩序。管理者已然制定了规则，那么作为观赏者也应该对相应的规则进行遵守，这不仅是为了自身的安全，也是对他人权利与财产的尊重与保护。春日人间盛，岂不恋风光。靓丽的风景不仅在于自然造就的景物，更在于文明观赏的每一个人。

案例 100　是你"坑"，不是我

　　某日晚上小良从田径队训练完返回宿舍，在路经老食堂时，被建筑工人未及收拾的电线绊倒，造成轻微脑震荡。于是第二日小良找到建筑队要求进行赔偿，工人声称是小良自己没看到警示标志，与建筑队无关。后经公安部门调查，确有警示标志，但设置在路的另一面，且工人存在对电线的不规范管理情况，最终导致小良被绊倒摔伤。

《中华人民共和国民法典》

第一千二百五十八条 在公共场所或者道路上挖掘、修缮安装地下设施等造成他人损害，施工人不能证明已经设置明显标志和采取安全措施的，应当承担侵权责任。

窨井等地下设施造成他人损害，管理人不能证明尽到管理职责的，应当承担侵权责任。

案例分析 ◢

1. 根据民法典第一千二百五十八条，特定施工人若未履行相应安全保障责任的，应当承担侵权责任。

2. 在本案中，小良正常在路上行走却被未及收拾的电线绊倒，与建筑队未尽到相应的警示义务与保障义务存在着法律上的因果关系。所以建筑队应该对此承担责任，赔偿小良的损失，并且对安全保障措施进行完善，以避免类似不安全事件的再次发生。

启示感悟 ◢

安全无小事，一时的偷懒可能会带来安全隐患，所以校园工程的相应负责人员应当切实提高安全保障意识，按照相应的管理规范采取安全措施。同学们在出行时应多加注意安全，一旦发生类似安全事件，还请第一时间就医，然后合理合法维权。

后 记

　　众所周知，成文法国家和地区在"法治现代化"过程中几乎都制定了自己的民法典，最著名的有1804年《法国民法典》和1899年《德国民法典》，均对各国的发展历程产生了重大影响。中国作为成文法国家，自然也不例外。新中国成立以来曾在1954年、1962年、1979年、2001年先后四次开展民法典制定工作，但均因条件不成熟而一次次搁浅。2014年10月《中共中央关于全面依法治国若干重大问题的决定》作出了编纂民法典的重大决策。之后，经过多年的努力，2017年3月《中华人民共和国民法总则》颁行，正式开启了民法典编纂的进程。2019年12月16日全国人大制定《中华人民共和国民法典（草案）》，公开向社会各界征求意见和建议。2020年5月28日，十三届全国人大三次会议表决通过了《中华人民共和国民法典》，于2021年1月1日起正式实施。结合我国的历史传统和法律文化，以及我国正在推进的国家治理体系和治理能力现代化建设，我国民法典出台的意义与价值巨大，主要表现在以下三个方面。

　　一、形式价值：民事法律体系更加科学合理

　　法典化的意义在于法律体系、法律结构、法律规则的设计更为科学合理。本次民法典的出台是对我国以往民事法律规范的一次全面梳理，以形成一部具有引领意义的基础性、体系化、科学化的法典，即结构合理、层次分明、逻辑清晰、首尾一致的有机法理体系，此处的"有机"意味着不同民事领域规则之间的法律关联和意义脉络，解决了不同民事法律规则之间的冲突和矛盾，能够有效规范民事社会生活。

二、实质价值：完善中国特色社会主义制度

2019年10月党的十九届四中全会通过的《中共中央关于坚持和完善中国特色社会主义制度、推进国家治理体系和治理能力现代化若干重大问题的决定》提出了坚持和巩固、完善和发展中国特色社会主义制度。当前，民法典的出台就是在完善民事法律制度，是实现国家治理体系和治理能力现代化的重大举措。民法典的出台也是我国社会主义法治建设的重大成果，是我国法治建设的里程碑，能够有效促进全面依法治国战略的实施，推进国家治理现代化。

三、思想价值：人文主义与理性主义的又一次启蒙

民法典承担落实宪法基本权利的重任，将基本权利在民事领域细化和类型化，通过细微的规则设计以确认和保护民事权利。这种集中性确认和保护民事权利的法典，体现了人权保障的人本主义思想。民法典的实施又集中体现了理性主义精神的自我实现。民法作为私法，是一部保障私人权利不受侵害的基本法律。民法典所蕴含或体现的思想，是对个人权利的积极维护。因此，中国民法典的出台必将对我国社会产生巨大的影响。

值此建党100周年之际，恰逢《中华人民共和国民法典》正式实施，我们编写了这本《以例说法：大学生身边的民法典100例》，旨在将民法典引入大学校园，实现民法典轨道上的校园治理体系和治理能力现代化。同时，民法典在大学校园的广为宣传和有效实施，也有利于大学生法治素养和道德素质的全面提高，更有利于法治大学、法治社会和法治国家的建设。编写水平有限，不妥之处在所难免，还望大家原谅。

田太荣　郭欣欣
二〇二一年三月十五日